Joh. W. Matutis

Drei-Fronten-Krieg

Joh. W. Matutis

Drei-Fronten-Krieg

Glaubensleben Daniel, Elia und Paulus

Fromm Verlag

Imprint

Cover image: www.ingimage.com

Publisher:
Fromm Verlag
is a trademark of
Dodo Books Indian Ocean Ltd. and OmniScriptum S.R.L publishing group

120 High Road, East Finchley, London, N2 9ED, United Kingdom
Str. Armeneasca 28/1, office 1, Chisinau MD-2012, Republic of Moldova, Europe
Printed at: see last page
ISBN: 978-613-8-37845-7

Joh.W.Matutis

Drei-Fronten-Krieg

Glaubensleben

Daniel, Elia und Paulus

PREDIGTSAMMLUNG

Band 2

Fromm Verlag

INHALTSVERZEICHNIS

EINLEITUNG

für die Verwendung des Materials der Predigtsammlung

Zum Studium

Ich empfehle, zuerst einmal das jeweilige Buch der Heiligen Schrift durchzulesen – unser Handbuch ist die Bibel – und danach jeden Tag einige Seiten von diesem Material durchzuarbeiten, d. h. auch, die angegebenen Schriftstellen nachzuschlagen und nachzulesen, um sich so gründlich in die Materie einzuarbeiten und zu vertiefen.

Außerdem möchte ich auf das Personenregister hinweisen, das sich auf den letzten Seiten befindet. Es ist, dem Buch gemäß, in drei Teile gegliedert und in laufender Abfolge einsehbar. Die jeweiligen Namen im Text sind durch eine hochgestellte Zahl direkt daneben markiert.

Und hier noch ein Vorschlag: Man kann dieses Material auch als seine regelmäßige Andacht verwenden.

Wenn Ihnen der Inhalt gefallen hat, empfehlen Sie bitte dieses Buch an Ihre Freunde und Bekannten weiter und helfen Sie mit, das Evangelium zu verbreiten. Vielen Dank!

Und nun wünsche ich Ihnen viel Freude und geistlichen Gewinn beim Lesen dieser Lektüre.

Ihr Joh.W.Matutis

www.nnk-berlin.de

Teil 1

Predigt von Pastor Joh.W.Matutis

„Daniel, der Fürsprecher“

Daniel, der Fürsprecher

Seid gegrüßt! *„Du, Herr, bist meine Kraft!"* hörten wir in diesem Lied. Und der Herr ist unsere Kraft allezeit, in jeder Lebenslage und wo auch immer es derer bedarf! Heute werde ich über Daniel[1] sprechen. Daniel heißt: „Gott richtet". Er war ein Fürsprecher, und zwar anders, als du vielleicht denkst! Denn nicht nur etwa, dass er für das Volk betete, für die armen Seelen, die in die babylonische Gefangenschaft gerieten, nein!, er war ein Fürsprecher für sich selbst und für seine drei Freunde. „Gott richtet" – ja, das sagt sein Name aus. Heute werde ich „einige heilige Kühe schlachten". Leute suchen immer Fürsprecher, Lobbyisten, die für einen die Fürbitte vornehmen, weil sie selber zu träge sind, zu beten! Das ist nur der eine Grund! Ja, viele Leute sind zu träge, um für sich selbst zu beten. Sie fragen: „Kannst du für mich beten? Kannst du für mich beten? Kannst du für mich beten?"

Apostel Paulus[2] rief auch immer wieder zur Fürbitte auf, aber zur Fürbitte für das Reich Gottes! Und zwar, damit das Evangelium läuft, damit Menschen gerettet werden! Er konnte für sich selbst beten, und zwar wie folgt: „Satan schlägt mich mit Fäusten". (Siehe 2 Kor 12,7) Er sprach: „Dreimal flehte ich, dass der Herr diesen Dämon von mir nehmen möge." (Siehe 2 Kor 12,8) Viele Menschen suchen einen Priester, jemanden, der sie vor Gott vertritt, weil sie nicht mündig sind oder nicht gelernt haben, selbst zu beten, und das für sich und ihre eigenen Belange. Wenn ich für mich selber bete, werde ich erhört. Wenn andere für mich beten, weiß ich nicht einmal, ob sie überhaupt richtig mit Gott stehen. Werden sie überhaupt richtig erhört werden?

So viele Menschen suchen immerzu Fürsprecher! Deshalb will ich heute hier vorab „eine heilige Kuh schlachten". Beginne, für deine eigenen Belange zu beten! Bete für dich allein! Das ist viel wichtiger als alles andere!

Im Buch Judit[3], also in den apokryphischen Schriften, lesen wir, dass sich die Leute Judit nahten, sie baten und anflehten: „Judit, bete für uns“, wie nachfolgend geschrieben steht: **Darum bete nun für uns, denn du bist eine gottesfürchtige Frau. Vielleicht wird der Herr uns Regen senden, damit sich unsere Zisternen füllen und wir nicht verschmachten müssen (Jdt 8,31).** *„Judit, bete nun für uns, denn du bist eine gottesfürchtige Frau.“* Die Menschen suchen immer einen Heiligen bzw. eine besonders begnadigte Person. „Bete für uns, damit sich unsere Zisternen mit Wasser füllen.“

Damals, als Nebukadnezar[4] das Land besetzt hielt, traten die Leute vor den Propheten Jeremia[5] und brachten ihm das Folgende nahe: „O bete, schnell, schnell, schnell! Das Verderben kommt! Nebukadnezar steht vor den Stadttoren!“, wie nachfolgend geschrieben steht: Da traten herzu alle Hauptleute des Heeres und Johanan[6], der Sohn Kareachs, und Asarja[7], der Sohn Hoschajas, samt dem ganzen Volk, Klein und Groß, und sprachen zum Propheten Jeremia: **Lass doch unsere Bitte vor dir gelten und bete für uns zum HERRN, deinem Gott, für alle diese Übriggebliebenen – denn leider sind wir von vielen nur wenige übrig geblieben, wie du mit eigenen Augen siehst –, dass der HERR, dein Gott, uns kundtun wolle, wohin wir ziehen und was wir tun sollen (Jer 42,1-3).** *„Bete für uns zum HERRN, deinen Gott“* sowie: „Wir waren einmal ein großes Volk, aber jetzt ist nur noch ein kleiner Rest von uns da. Du siehst ja selbst, wie es um uns bestellt ist. Bitte bete für uns.“

Nein! Wir sollen selber beten! Wir selber haben es uns eingebrockt, und wir selber sollen einen „Buß- und Bettag“ vollziehen! Sie sollen selber auf die Knie gehen, und nicht andere beauftragen! Ich stellte eines fest: Leute, die immer von anderen Fürbitte erbitten, sind selbst zu träge, um zu beten! Sie beten gar nicht! Das teile ich euch in aller Liebe mit.

Daniel war eine außergewöhnliche Person, die von Gott besonders begnadigt war. Ich streife heute nur einmal seine Geschichte. Es steht geschrieben: **Daniel aber übertraf alle Fürsten und Statthalter, denn es war ein überragender Geist in ihm. Darum dachte der König daran, ihn über das ganze Königreich zu setzen (Dan 6,4).** In ihm wohnte ein außergewöhnlicher Geist. Das war der Heilige Geist. Er war begnadigt mit Weisheit und sehr vielem Wissen; ja, ein herausragender Geist wohnte in ihm! Wie kam dieser herausragende Geist in ihn? Diese Frage stelle ich, denn er war ein ganz normaler Mensch, wie die anderen Menschen auch. Er ehrte den Herrn mit seinem Leben, ganz gleich, was es kostete. Wir kennen die Geschichte, die im Buch Daniel geschrieben steht, und wissen, dass sie an den Tisch des Königs geladen waren. Die vier Jünglinge, die König Nebukadnezar gefangen hielt, müssen wohl edle Menschen gewesen sein!

Daniel war noch sehr jung. Sie saßen am Tisch des Königs, während ihrer Ausbildung, und mussten von seinen Speisen essen (s. Dan 1,5a). Das waren unreine, nicht koschere Speisen, also nicht derartige, wie der Herr den Juden vorgeschrieben hatte zu sich zu nehmen, um sie gesund zu erhalten.

Daniel liebte den Herrn und gab sich Ihm ganz hin. Das war der Grund, warum ihn eine so große Weisheit überfiel! Deshalb verschaffte ihm der Herr Gunst bei dem König hinsichtlich seiner Beförderung. Wir wissen über ihn, dass sich sein Herrschertum über vier verschiedene Könige ausbreitete: Über das von Nebukadnezar, das von Belsazar[8], das von Darius[9] und das von Kóres[10]. Somit war er bei vier Königen im Dienst! Er war besonders begnadigt und von Gott gefördert. Er wurde über die anderen Hofbeamten gesetzt. Warum? Weil er sich dem Herrn hingab! Menschen, die sich dem Herrn hingeben, werden von Ihm begnadigt. Er wurde auf die Probe gestellt: „Lebst du sauber? Lebst du anständig? Lebst du so, wie Gott es den Juden geboten hatte bevor sie in Gefangenschaft gerieten?“ Daniel steckte sogar seine drei Freunde an mit seinem frommen, gläubigen und religiösen Leben!

Den anderen Hofbeamten gefiel es nicht, dass der König diesen Daniel und dessen drei Freunde förderte, sie bevorzugte und über sie setzte. Daniel war ein Chaldäer und Wahrsager. Er kannte sich mit Horoskopen aus, und er war ein Zeichendeuter! Daniel, der Chaldäer! Er war ein sehr begabter Mensch! Er beobachtete die Sterne – nicht die Horoskope etwa in dem Sinne, wie wir es heute kennen, um die Zukunft vorauszusagen – und er konnte Träume deuten (s. Dan 1,17b). Er war ein sehr begnadigter Traumdeuter von Nebukadnezar und später auch von Belsazar.

Sie brachten den König später dann dazu, eine Last zu unterzeichnen. Folgendes fand während des Regiments des Darius statt: Man sollte während dreißig Tagen niemand anderen bitten als den König selbst! Als Daniel sich nicht beugte, sondern stattdessen sein Fenster gen Jerusalem öffnete (s. Dan 6,11b) – ihr kennt ja diese Geschichte (s. Dan 6,1ff.) –, kam er in die Löwengrube (s. Dan 6,17b). Er blieb dem Herrn treu! Er gab seinen Glauben nicht auf! Er war gefestigt darin! Wer den Erlass des König Darius missachtete, so hieß es damals, würde in die Löwengrube geworfen werden. Da passierte noch wieder ein Wunder: Der Herr errettete ihn „aus dem Rachen des Löwen". (Siehe Dan 6,23a)

Daniel beugte sich weder diesem Erlass noch der Verordnung, von des Königs Speisen zu essen. Er sprach: „Ich esse lieber Gemüse und trinke Wasser. Ich trinke weder Wein, noch esse ich etwas Unreines!" Er wollte sauber, rein und von Gottes Gnaden sein!

Auch wir hier in unserer Gemeinde kapitulierten nicht vor der Corona-Pandemie. Uns ergeht es so, wie es Daniel damals erging. Auch wir mussten uns bewähren, treu, klug und ohne Falsch sein (s. Mt 10,16). Wir mussten einfach unseren eigenen Weg gehen. Ich möchte hier an dieser Stelle all den Freunden danken, die uns unterstützten und förderten, damit es gelang, das Wort des Herrn unaufhörlich zu verkündigen und sämtliche Veranstaltungen hier im Haus stattfinden zu lassen. Das finde ich toll! Dafür lobe und preise ich Gott! Das werden wir auch weiterhin tun! Wir feierten die Gegenwart des Herrn und dienten den Menschen, Satan zum Trotz.

Daniel tat das auch! Er diente dem Herrn, Satan – Nebukadnezar und den anderen Königen – zum Trotz. Ob es um Geschenke ging, so z. B. zur Zeit, da die Schrift an der Wand des Belsazar erschien – Belsazar, der nebenbei gesagt nur ein paar Wochen die Königswürde trug (s. Dan 5,30) – oder worum auch sonst. Daniel erwiderte: „König, behalte deine Geschenke (s. Dan 5,17a). Ich brauche sie nicht. Ich bin auch ohne deine Geschenke zufrieden." Du siehst: Daniel lebte aus einer anderen Quelle.

Wenn du die Geschichte kennst, dann weißt du, dass der Herr den Daniel beschützte und ihn bis ans Ende seiner Tage, da er abdankte, Ehre erwies. Der König fragte: „Daniel, konnte dein Gott dich bewahren?" (Siehe Dan 6,21b) Ich ermutige Menschen immer wieder gern, dass sie diesen außergewöhnlichen Geist entwickeln sollen, damit sie nicht überall mitmachen, mittanzen und mitgehen. Lass dich nicht verführen! Satan will einen Menschen von Anfang an verführen! Wenn wir am Anfang versagen, versagen wir auch im Nachhinein.

Im Buch Daniel Kapitel 1 ist die Geschichte beschrieben, wie sie dem Herrn wohlgefällig lebten und Ihm treu waren. Sie bewahrten ihren Glauben (s. Dan 1,8). Deshalb segnete sie der himmlische Vater bis zum Schluss. Sie zollten gleich von Anfang an dem Herrn gegenüber Respekt. Ihre Ehrfurcht vor Gott war so groß, wie nachfolgend geschrieben steht: **Trachtet zuerst nach dem Reich Gottes und nach seiner Gerechtigkeit, so wird euch das alles zufallen (Mt 6,33).**

Lass die Beachtung der „Corona-Kultur" komplett weg! Jemand sagte einmal: *„Wer mit der Gesellschaft geht, geht unter, wenn die Gesellschaft untergeht."* Betrachte die Sowjetunion! Betrachte die DDR! Genau das passierte! Gehe nicht mit der

Gesellschaft! Gehe deinen Weg! Bewahre deinen Glauben! Gehe die Richtung, die du einschlugst in der Vision deines Lebens; auf dem Weg, der die Grundlage deines Lebens ist! Sei fest entschlossen und sage: „Diesen Weg möchte ich weitergehen!“

Daniel, der Fürsprecher – dieser, der für sich selbst spricht und nicht andere als Advokaten benötigt! Daniel vermag selbst für sich zu reden! Die meisten Leute können nicht für sich selbst reden. Sie schreiben von anderen ab oder sprechen die Meinungen der anderen aus, wie folgt: „Dieser oder jener sagte es.“ Nein! Er dachte selber! Es ist so wichtig, dass wir lernen, selbst zu denken, und zwar ohne den Computer, das Smartphone oder dergleichen einzuschalten. Die meisten Leute verlernten, selbst zu denken. Sie beherrschen nicht einmal mehr das Einmaleins, das Vaterunser o. a. Sie verlernten sogar das Einfache! Sie starren nur permanent auf den Display.

Sei fest entschlossen, dem Herrn von ganzem Herzen zu dienen und Ihm nachzufolgen! Du wirst dann zu „einer Granate“, die Satan unter ihren Füßen hat und ihn beherrscht, so wie es bei Daniel stattfand, der erwiderte: „Behalte deine Geschenke. Ich benötige sie nicht.“

Wenn du die Gegenwart des Herrn in deinem Leben hast, musst du dich nicht nach dieser Welt ausrichten. Auf diese Weise erfüllst du, gleich Daniel, den wahren Sinn deines Lebens! Ein anderer Geist wohnte in ihm (s. Dan 6,4a), stell dir nur einmal so etwas vor! Der Heilige Geist! Du erfüllst den Sinn deines Lebens, sodass du den Herrn in allem ehrst, respektierst, verherrlichst und Ihm zu Diensten stehst.

Wer dem Herrn im Kleinen treu ist, z. B. beim Essen – wer beim Essen und Trinken richtig lebt, gleich der vier Jünglinge, die hernach imstande waren, außergewöhnlich zu sein – und wer sich im Kleinen bewährt, der empfängt einen außergewöhnlichen Geist!

Der Herr braucht keine überdurchschnittlichen Menschen! Er braucht nur durchschnittliche Menschen, aber solche, die einfach schlicht ihr Dasein fristen und weder fromm noch super-fromm sind, wie etwa: *„Himmelhoch jauchzend, zu Tode betrübt."* Nein! Sondern Gott hält Ausschau nach Menschen, die Ihm dienen mit Leib und Seele! Er braucht Menschen, die in Seinem Wohlgefallen sind, auf deren Leben das Wohlgefallen des himmlischen Vaters ruht. Dadurch werden diese Menschen zu außergewöhnlichen Typen.

Nachdem Jesus die Samariter und viele gläubige Menschen sah, sprach Er die Worte aus, siehe hier: *„Einen solchen Glauben habe ich in Israel noch bei niemandem gefunden."* (Siehe Mt 8,10b EU) Findet der Herr in Deutschland solchen Glauben wie den der Jünglinge Daniel, Schadrach[11], Meschach[12] und Abed-Nego[13]? Das waren die babylonischen Namen, die sie erhielten. Ich wiederhole: Er sprach: *„Einen solchen Glauben habe ich in Israel noch bei niemandem gefunden."* Gemeint sind Menschen, die versuchen, dem Herrn zu gefallen, die dem Herrn dienen, die für Gott etwas bewirken, auch wenn es „eine kleine Kraft" ist, wie nachfolgend geschrieben steht: **Denn du hast eine kleine Kraft und hast mein Wort bewahrt und hast meinen Namen nicht verleugnet (Offb 3,8c).**

Daniel lehrt uns hier – ein paar dieser Lehren möchte ich für mich ganz persönlich und auch für euch ganz speziell benennen –, dass der Herr uns Seine Weisheit offenbart, wenn wir demütig sind, wenn wir bescheiden sind, wenn wir einfach sind, wenn wir ehrlich sind, wenn wir Ihm konsequent folgen, wenn wir folgerichtig leben, wenn wir logisch handeln und wenn wir dem Herrn wohlgefällig leben wollen; nicht den Menschen! Daniel wollte nicht dem König gefallen, auch nicht dem Diener, dem Erzieher und dem Lehrer der Kinder und Jugendlichen, sondern dem Herrn. Ja, wer dem Herrn gefällt, wird von Ihm gefördert und begnadigt.

Daniels Charakter war anfangs einfach. Er wollte einfach, schlicht und natürlich sein. Er wollte rein sein und es auch bleiben. Er wollte weder seine Gedanken durch Wein zerstören und vernichten, noch durch falsche Ernährung seinen Leib schädigen. Er wollte sich nicht den Götzen hingeben, welche es auch immer waren. Er wollte sich nicht durch die Speisen des Königs verunreinigen.

Heutzutage verzehren die Leute „Dreck", Entschuldigung. Wenn du wüsstest, was z. B. so eine Tüte von Nestlé & Co. enthält! Das hat nichts mehr mit Nahrung zu tun, sondern es ist Chemie. Du wunderst dich, aber es ist damals wie heute dasselbe: Das Essen war sauber und clean, aber weder gesund, noch gesundmachend, noch der Gesundheit förderlich!

Essen sollte einen gesund, stark, fröhlich und satt machen! Das sollte Essen bewirken. Deshalb gab uns der Herr die natürliche Kost. Es wird den Leuten nur noch Wertloses angeboten und verabreicht! Sie erhalten unreine, substanzlose Nahrung. Das stelle ich euch nur in aller Liebe anheim.

Daniel löste sich ganz bewusst von alkoholischen Getränken. Er trank keinen Wein, sondern ausschließlich Wasser. Deshalb behielt er seinen klaren Verstand. So viele Menschen versaufen ihren Verstand! Daniel verweigerte die Speisen des Königs. Auch wenn die Nahrung gut war und es nichts dagegen einzuwenden gab, war sie doch alles andere als nahrhaft. Die gesundmachende Wirkung blieb aus. Sie war, im Gegensatz dazu, krankmachend! Wenn ich heute die Kinder betrachte, vor allem die Amerikaner – der Herr möge alle Kinder segnen – erkenne ich, dass sie bereits falsch ernährt wurden. Alle sind übergewichtig. Die Nahrung enthält eine zu große Menge Zuckerbestandteile. Wozu sollte denn Zucker in der Wurst und Salz in der Marmelade gut sein? Das ist gar nicht nötig! Doch die Nahrungsmittelindustrie stellt uns anheim, dass dadurch das Produkt frischer bleiben würde.

Daniel lehnte es ab, Nahrung zu verzehren, die den Göttern geweiht war. Er wollte diese durch seine Zuwendung zu ihnen nicht verherrlichen! Er wollte den Göttern keine Ehre zuteilwerden lassen. Obwohl es keine Götzen gibt. Aber es gibt Götzendiener! Es gibt auch keine unreinen Geister, sondern nur Menschen, die unreinen Geistern dienen. Daniel gab den Götzen keine Ehre. Er lehnte die Speisen von des Königs Tisch ab, da die Götzen ihren Anteil daran bekamen! Damals in Babylon, im Altertum, wurde zunächst einmal den Götzen geopfert bevor man das Mahl zubereitete. Wenn die Götzen nicht starben, erhielten die Menschen deren Anteil. So töricht waren sie!

Weil die Götzen beteiligt waren, darum lehnte Daniel die Speisen des Königs ab. Er war konsequent. Er wollte keine Gemeinschaft mit ihnen haben. „So viel es an mir liegt, werde ich nicht davon essen." Seine Freunde lehnten die Speisen von des Königs Tisch genauso ab. Daniel wollte nicht gemeinsam mit den Götzen am Tisch des Königs sitzen. „Ein Tropfen sei auch dem Götzen geweiht!" Nein, er wollte nichts damit zu tun haben! Er wollte selbst alles verzehren und für die Götzen nichts übrig behalten. Er wollte auch nichts mit den Götzen teilen! Er wollte sich auch nicht von den Götzen unterhalten lassen.

Früher – ich weiß nicht, ob es auch heute noch so ist – gab es die Freibank. Dort wurde den armen Leuten Notgeschlachtetes aufgetischt. Ihnen wurde die Möglichkeit anheimgestellt, billiges Fleisch einzukaufen. So ähnlich war es damals im alten Babylon auch. Den armen Leuten wurde Notgeschlachtetes billiger zum Kauf anheimgestellt. Daniel und seine Freunde wollten nichts Billiges haben. Das ist so wichtig! Wir brauchen keine billigen Produkte! Wir sind kostbare Menschen. Wir sind etwas sehr Besonderes, vom Herrn erwählt und berufen (s. Ps 8,6), und das Gute ist für uns gerade gut genug!

Er wollte nicht ihren Segen, ihre Gunst, ihre Zustimmung haben, obwohl das alles im unsichtbaren Bereich stattfand, und zwar nach der Devise: „Es ist doch egal, ob es den Göttern geweiht ist." Nein! Er wollte sich nicht im Geist beteiligen! Wichtig ist, was man im Geist vollzieht! Unser Geist ist ausschlaggebend und nicht, woher es kommt und wer sich dahinter verbirgt, etwa: „Wer hat dieses oder jenes gedacht? Durch wen ist dieses oder jenes vollzogen worden?" Er wollte einfach keine geistliche Verbindung zu irgendwelchen Göttern oder Götzen herstellen.

Eigentlich ist den Gläubigen alles erlaubt. Paulus sprach, was nachfolgend geschrieben steht: **Alles ist erlaubt, aber nicht alles dient zum Guten. Alles ist erlaubt, aber nicht alles baut auf (1 Kor 10,23).** Eine andere Schriftstelle lautet wie folgt: **Alles ist mir erlaubt, aber nicht alles dient zum Guten. Alles ist mir erlaubt, aber nichts soll Macht haben über mich (1 Kor 6,12).** Mir ist alles erlaubt, aber nicht alles frommt mich, nicht alles bessert mich, nicht alles fördert mich, nicht alles begünstigt mich, nicht alles stärkt mich. Aber erlaubt ist mir alles.

Auch wenn keiner genau wusste, woher das Fleisch kam, von welcher Schlachtung es bezogen wurde, Daniel sprach: „Ich werde es nicht verzehren, wenn ich nicht weiß, wie es hier her gelangte, wer es vermischte und zubereitete!" So heikel war das für diese vier jungen Männer damals! Weil sie so pingelig waren, wurden sie vom Herrn reich begnadigt und gesegnet.

Viele Leute verehren unbewusst die Götter! Sie haben keine Kunde darüber, dass das, was sie verzehren, den Göttern geweiht ist. Auch das unbewusste Handeln, welches wir ohne es bewusst zu tun ausrichten und vollziehen, ist Götzendienst! Daniel wusste: „Das ist Götzendienst!" Es ist eine unbewusste Zustimmung wie die folgende: „Ja, das wurde in einem Götzentempel gekauft und ist besonders den Götzen geweiht und ordiniert!" Es ist so, auch wenn Satan „über die Hintertür" zu dir gelangt. Satan versucht, über die Hintertür die Leute zu vereinnahmen!

Daniel wollte sich in keiner Weise am Götzenkult beteiligen! Er trennte sich von allem, was den Götzen geweiht war, in welcher Form auch immer, denn es war nicht koscher! Lieber einmal zu viel als zu wenig. Er wollte sich nicht mit den Götzen identifizieren, auch wenn sie babylonische Namen erhielten: Daniel wurde zu Beltschazar umbenannt (s. Dan 1,7). Nach diesen Mondgottheiten benannte man die vier Jünglinge. Sie hießen so, wie sie immer hießen. Sie behielten ihre Namen bei. Sie sprachen Worte wie: „Äußerlich nennt uns so, wie ihr wollt, aber niemand kann verhindern, das zu sein, was wir sind."

Daniel lehnte den Geist Babylons ganz bewusst ab. Er besudelte sich nicht damit. Darum konnte er anders denken. In dem Moment, da wir uns mit dem Geist dieser Welt besudeln, sind wir nicht mehr fähig, uns auf das Wesentliche und Wichtige zu konzentrieren, was uns in die Lage versetzt, anders zu reagieren, zu denken, zu entscheiden, zu handeln und zu agieren. Deshalb vernahmen diese Jünglinge die Stimme des Herrn. Sie hatten einen reinen Geist, der einen klaren Verstand verursachte. Weil sie sich nicht verwirren ließen, konnte der Herr zu ihnen sprechen. Das brachte ihre konsequente Haltung hervor, siehe hier: „Behalte deine Geschenke; die Halsketten u. a. Das benötigen wir nicht."

Daniel trennte sich ganz bewusst von den Götzen. Geschwister, auch heute ist es so notwendig, sich ganz bewusst und konsequent von den Götzen, welcher Art auch immer, zu trennen!

Die Welt steht „im Tal der Entscheidungen". Spreu wird von Weizen getrennt, die Klugen von den Törichten, die Gesegneten von den Ungesegneten, die Reifen von den Unreifen (s. Mt 25,32b). In dieser Welt findet jetzt die Trennung statt! Wer es nicht nachvollziehen kann, lässt es bleiben! Die Scheidung von Licht und Finsternis – die Scheidung von dem Reich Gottes und dem System der Welt – wird herbeigeführt!

Wir müssen uns trennen!

Der große Grundfehler in unserer heutigen Theorie und Praxis ist der, dass die Leute alles vermischen: Ökumene, Allianz, Körperschaft des öffentlichen Rechts u. a. Die meisten Gemeinden sind in diesen Vereinen – in diesem „Topf mit Einheitsbrei" – eingebunden. „Alle sind eins!", verstehst du? Aber das Wort des Herrn bzw. die Gerechtigkeit und Heiligkeit lassen sich nicht vermischen! Paulus verkündigte der Gemeinde zu Korinth, was nachfolgend geschrieben steht: **Zieht nicht unter fremdem Joch mit den Ungläubigen. Denn was hat Gerechtigkeit zu schaffen mit Gesetzlosigkeit? Was hat das Licht für Gemeinschaft mit der Finsternis? (2 Kor 6,14)** Die „Hure Babylon" dient dem System. Deshalb wird sie zunichtegemacht werden eines Tages. Ja, das ist die babylonische Gefangenschaft.

Der Herr will, dass sich Seine Kinder ganz radikal lösen und „ihre Straße ziehen". Gott lässt nicht zu, dass wir uns mit den Götzen vermischen, dass wir „auf zwei Hochzeiten tanzen". Es steht geschrieben: **Niemand kann zwei Herren dienen: Entweder er wird den einen hassen und den andern lieben, oder er wird an dem einen hängen und den andern verachten. Ihr könnt nicht Gott dienen und dem Mammon (Mt 6,24).** Entweder wir dienen dem Herrn, oder aber, wir dienen Satan.

Daniel war es möglich, dem Götzendienst zu widerstehen, weil er von der Pike auf damit begann! Deshalb ist es so wichtig, von Anbeginn an ein entschiedenes Leben zu leben. Niemand konnte ihm und seiner Weisheit widerstehen, weil er konsequent mit dem Herrn lebte! Er war Ihm in allem treu. Mit dem Essen begann es; darin war er vornehmlich! „Lasst es uns probieren. Zehn Tage verzehren wir nur Gemüse und Wasser. Nach dieser Frist werdet ihr der Wahrheit innewerden. Funktioniert es, fahren wir damit fort, ansonsten lassen wir es bleiben und kommen wieder zurück zum alten System." (Siehe Dan 1,11-13)

Daniel war unschlagbar, nicht kleinzukriegen, unbezwingbar und unüberwindbar! Warum verhielt sich das so? Weil er schon von klein an begann, für die Sache des Herrn zu eifern, Seine Sache zu verteidigen, zu vertreten und auszuleben! Das Böse war an ihm unwirksam, weil er rechtzeitig diesen Weg beschritt! Deshalb gilt: *„Was Hänschen nicht lernt, lernt Hans nimmermehr.“*

Es ist so wichtig, dass wir frühzeitig damit beginnen, unseren Glauben auszuleben! Wiedergeborene Christen sollten nicht als Larifari-Christen leben, so mir nichts, dir nichts, nach der Devise: „Also, mir ist ja alles erlaubt!“ Nein! Uns ist eigentlich überhaupt nichts erlaubt! Wir sollten dem Herrn dienen von ganzem Herzen, von ganzer Seele und aus allen Gemütskräften, und wir sollen Ihn lieben (s. Mt 22,37), das ist das Allerwichtigste (s. Mt 22,38).

Die Entscheidung, rein zu bleiben, trat aus seinem Inneren hervor; sie kam aus ihm selbst heraus. Das teilten ihm nicht etwa sein Papa oder seine Mama mit. Diese lebten wahrscheinlich schon gar nicht mehr. Es kam von ihm selbst, aus seinem tiefsten Herzen! Niemand überredete, manipulierte und überzeugte ihn. Nein! Er programmierte sich selbst: „Wir wollen es einmal probieren! Wir testen es einmal und vielleicht lohnt es sich, vielleicht verbirgt sich ein Sinn dahinter und etwas Gutes wird offenbar werden dadurch dass wir sauber und anständig essen und Eigenverantwortung für unser Leben übernehmen.“ Er stand für sich selbst! Das ist Fürbitte und Fürsprache! Er konnte zu sich selbst stehen, wie folgt: „Ich werde es nicht tun, weil ich nicht will! Was die anderen tun, ist mir gleich, aber so viel es an mir liegt (vgl. Röm 1,15), führe ich es nicht aus.“

Heutzutage ist es gerade in der Christenheit so wichtig, dass wir uns ganz bewusst von dem Humanismus und der Freimaurerei trennen! Die Devise der Humanisten lautet wie folgt: „Der Mensch steht im Zentrum!“ Es geht um die Menschenrechte! Ich sage entschieden Nein dazu! Es geht um die Gottesrechte, darum, dass Gott gelobt und gepriesen wird!, und nicht darum, dass der Mensch, irgendein System oder die Gesellschaft geehrt wird. Von nichts kommt nichts!

Daniel tat etwas für sich. Er wollte weise und gesund sein und sprach: „So viel es an mir liegt, möchte ich einen klaren Verstand haben. Alles andere ist mir egal." Er gab sich den anderen nicht hin. Von diesem System brauchte er nichts. Er hatte keinen Bedarf und sprach: „König, behalte deine Speisen für dich. Wir werden Wasser trinken und Gemüse verzehren!" Stell dir das einmal vor! Es ist so einfach, so simpel, so natürlich! „Wir werden es probieren!" Dieses konsequente Handeln brachte ihn später sogar in die Löwengrube. Aber da er gelernt hatte, im Kleinen treu zu sein, konnte er sich hernach auch in der Löwengrube auf den Herrn verlassen. Der himmlische Vater stand ihm bei, segnete, behütete und beschützte ihn (s. Dan 6,23). Das war sein Lohn und der Dank dafür! Humanismus – also, wenn man den Menschen gefällig ist! Menschengefälligkeit zahlt sich nicht aus. Das ist vom Teufel.

Führe dein Leben gemäß der Berufung, die du vom Herrn empfingst! Die ganze Scheinheiligkeit und Menschenfreundlichkeit vergiss! Daniel und seine drei Freunde waren eine kleine Gruppe, die sich von Gottes Geist leiten ließ. Sie lösten sich von der Macht Babylons: „Wir entbinden uns davon und leben nach unserer Fasson, auch wenn das Mahl schlicht ist, auch wenn es ungesüßt ist, auch wenn bittere Kräuter enthalten sind und es nicht ganz so vorzüglich schmeckt." Sie wollten ganz bewusst anders sein. Das ist das Geheimnis eines gesegneten Lebens, nämlich bewusst anders zu sein und nicht „mit der Masse mitzuschwimmen" bzw. das zu vollziehen, was alle tun.

Diese vier Jünglinge wollten anders leben. Sie bevorzugten einen anderen Lebensstil. Sie wollten sich nicht des Götzen bedienen, ganz gleich, wie er hieß, ganz gleich, welche wunderbare Macht von ihm floss. Sie wollten sich nicht von diesen Dingen abhängig machen. Sie wollten nicht der Regierung gefallen, sondern dem Herrn! Das ist so wichtig! Die Frage lautet wie folgt: „Wem willst du heute gefallen? Der Regierung oder dem Herrn?“ Die Entscheidung liegt bei dir (s. 1 Thess 5,21). Nicht alles, was Obrigkeit heißt, ist Gott. Wir sollten unterscheiden zwischen der Obrigkeit, die unseren Glauben unterminiert, und dem Herrn. Wir sollten aufpassen und da nicht mitmachen! Sie wollten allein vom Herrn abhängig sein (s. Röm 12,2).

„Daniel, der Fürsprecher“ lautet mein heutiges Thema. Eigentlich, wenn du die Überschrift betrachtest, müsstest du sagen, dass ich das Thema verfehlt habe. Doch ich möchte hier ganz bewusst Folgendes herausstellen: Daniel lebte für sich selbst und für den Herrn! Sonst lebte er für nichts und niemanden! Er lebte sein Leben! Er sprach für sich selbst. Seine drei Freunde desgleichen. Er sprach sich nicht für die anderen aus. Ein Fürsprecher ist jemand, der für die anderen spricht, dafür, was die anderen denken, sagen und schreiben. Das tat Daniel nicht!

Du bist dein eigener Lobbyist. Lerne zunächst einmal, deine eigenen Interessen zu vertreten, für dich selbst zu beten, dich selbst vor das Angesicht Gottes zu bringen und an dich selbst zu denken! Paulus sprach die folgenden Worte aus: „Was nützt es, wenn ich den anderen predige und selbst verwerflich werde?“ (Siehe 1 Kor 9,27) Dann wäre alles nichts wert!

Bevor du andere überzeugst, überzeuge dich selbst, diene dir selbst und setze dich für dich selbst ein! Bevor du andere aufklärst, kläre dich selbst auf! Bevor du andere informierst, informiere dich selbst! Bevor du andere rettest, rette dich selbst erst einmal! Bevor du anderen hilfst, hilf dir selbst! Erst nachdem du dir selbst geholfen hast, vermagst du auch den anderen zu helfen und ihnen beizustehen! Erst dann hast du die Weisheit erlangt, um anderen den Weg des Lebens zu zeigen. Wenn du für dich selbst nicht sprechen kannst, kannst du auch für die anderen nicht sprechen. Das ist so simpel!

Religion ist eine Tragödie für so viele Menschen, die im Humanismus versumpfen! Sie sagen: „Ja dieser sprach diese Worte und jener jene aus!" oder: „Die Obrigkeit formulierte es so!" usw. Man versucht krampfhaft, diesem oder jenem zu gefallen. Wir sollten aufhören, dem König oder irgendwelchen Menschen, die um uns herum sind, zu gefallen! Daniel und sein Team wollten dem König nicht gefallen. Aber nachdem sie dem Herrn gefielen, gefielen sie auch ihm! Sie waren zehnmal schöner und klüger als alle anderen (s. Dan 1,15). Ja, zehnmal! Sie übertrafen alle, und das ohne Make up oder andere Tricks und Kniffs.

Es ist eine Tragödie, dass die meisten Menschen immer nur „den kleinsten gemeinsamen Nenner" suchen und alles auf diesen kleinsten gemeinsamen Nenner bringen wollen. Die Seele und der Herr lassen sich nicht minimieren! So viel, wie du auch zu deuteln, zu übersetzen, auszulegen, nachzudenken oder zu interpretieren versuchst, es funktioniert nicht. Der Herr und die Seele sind ein Original. Sie sind ein Original, und sie wollen ein Original bleiben!

Humanismus, der seit der Französischen Revolution besteht, ist Menschenverherrlichung! Es ist eine Lüge, der nahezu alle Kirchen aufsitzen! Die Humanisten sowie die globale Elite sagen: „Wir müssen die Flüchtlinge retten! Wir müssen dieses und jenes retten!" Nein! Eile, rette *deine* Seele! Erst wenn deine Seele gerettet und in Sicherheit ist, versuche auch die anderen in Sicherheit zu bringen! Andernfalls kannst du beten so viel du willst, es wird nicht viel stattfinden!

Menschenverherrlichung bringt nichts! Wenn der Schöpfer, die Natur, nicht mitmacht, ist alles umsonst und vergeblich! Es steht geschrieben: <u>Von Salomo, ein Wallfahrtslied: **Wenn der HERR nicht das Haus baut, so arbeiten umsonst, die daran bauen. Wenn der HERR nicht die Stadt behütet, so wacht der Wächter umsonst (Ps 127,1).**</u> Wenn der Herr die Sache nicht segnet, kann der Papst segnen, können alle Bischöfe der Welt segnen, es passiert nichts. Und da wird auch nichts passieren! Das ist alles nur Show, nur Theater, mehr nicht! Wenn der Herr eine Sache nicht segnet, schlägt nichts an, da passiert nichts, da funktioniert nichts, da läuft nichts, selbst dann nicht, wenn alles perfekt und technisch hochkarätig ist. Der Herr lässt sich nicht manipulieren! „Wir tranken Wasser, aßen Gemüse und lebten davon! Es ging uns nach zehn Tagen besser als zuvor." Auch bei den Frommen nützt es nichts! Der Herr macht nicht mit, wenn die Leute Gott manipulieren!

Das Wort des Herrn lautet wie folgt: Denn so viel Städte, so viel Götter hast du, Juda; und so viele Gassen es in Jerusalem gibt, so viele Schandaltäre habt ihr aufgerichtet, um dem Baal zu opfern. **Du aber bitte nicht für dies Volk und bringe für sie kein Flehen noch Gebet vor mich; denn ich will sie nicht hören, wenn sie zu mir schreien in ihrer Not (Jer 11,13f.).** „Ich will das Geplärr ihrer Lippen nicht hören", sprach der Herr. Und dein Geplärr will ich auch nicht hören! Bete nicht für diese Leute. Es macht oft gar keinen Sinn für Leute zu beten, die nicht selber mitmachen, die selbst nicht dabei sind, die selbst nicht an sich arbeiten. Da ist alles umsonst! Bete nicht für sie! Daniel, der Fürsprecher! Das heißt, er sprach zunächst einmal für sich selbst! Er stellte zunächst einmal *sich* zur Verfügung: „Herr, ich beginne zunächst einmal bei mir selbst! Die Veränderung der Gesellschaft fängt bei mir und meinen vier Freunden an!"

Fürsprecher, Fürbitter, Heilige können gerade einmal für sich selbst bitten, für sich selbst sprechen, und nicht etwa groß für die anderen! Und auch für dich gilt: Bete nicht für die anderen, auch dann nicht, wenn du glaubst, dass du ein Fürbitter bist. Das ist Unfug! Viele wollen Fürbitter sein, andere manipulieren, kontrollieren, sie zur Bekehrung bewegen, beschützen u. Ä. Diese ganzen Fürsprecher wollen nichts anderes als die anderen kontrollieren! Vergiss das alles, denn das ist nicht biblisch! Fange zunächst einmal damit an, dich selbst unter Kontrolle zu halten und dich selbst zu beherrschen! Dann erst werden dir die Leute nachfolgen, denn sie werden das Folgende erkennen: „In dieser Person ist eine große Weisheit enthalten. In ihr wohnt ein anderer Geist."

Wer nicht für sich selbst sprechen kann, kann auch nicht für andere sprechen. Wer sich selbst nicht verteidigen kann, kann auch andere nicht verteidigen. Solchen „Helden" sollst du auch nicht vertrauen, Bruder, Schwester! Meide solche Helden, vertraue ihnen nicht, denn es sind Mietlinge. Es ist nicht der gute Hirte! Der gute Hirte lässt sich vom Herrn führen. Der Herr lässt sich nicht manipulieren. Er zieht Seine Bahn, ob du mit Ihm Schritt hältst oder nicht. Diese frommen Betrüger verschlimmern nur die Lage der Menschen! Sobald ein Problem auftaucht, sind die Mietlinge nicht mehr zu sehen!

Wenn du Probleme hast, kannst du selbst für dich beten. Wenn du Fieber hast, musst du selbst die Tabletten einnehmen, eine Salbe auftragen oder dich so oder so verhalten. Du musst an dich selbst denken und dich selbst behandeln! Du benötigst keinen Daniel, keinen Samuel[14] und auch keinen Jeremia. Der Herr spricht: „Selbst wenn alle Heiligen auf einmal beten würden, ich würde sie nicht vernehmen! Dieses Volk ist dahingegeben! Es hätte zuvor Buße tun müssen! Es hätte zu gegebener Zeit nachdenken sollen!"

Bruder und Schwester, du hast den Heiligen Geist, du hast Jesus, mehr benötigst du nicht (s. Joh 16,13a). Du kannst beten. Jesus ist unser Fürsprecher bei unserem himmlischen Vater. Der Heilige Geist ist unser Tröster, der uns in unseren schwierigen Lebenslagen tröstend zur Seite steht. Mehr benötigst du nicht! Du brauchst nicht Hinz und Kunz, Müller, Matutis und sonst wen! Du brauchst keinen Dolmetscher, keinen frommen Übersetzer und Sprachvermittler! Du brauchst keinen frommen Stellvertreter!

Satan möchte, dass du immer den Hilflosen spielst, dass du dich unmündig gibst: „Ach, bitte bete für mich, Bruder!" oder: „Schwester, bitte bete für mich!" Satan will, dass du weiter den Törichten spielst. Du kannst selbst mit dem Herrn Zwiesprache halten! So wie dir „der Schnabel gewachsen ist“ kannst du mit dem Herrn in der deutschen Sprache reden, schwäbisch, berlinerisch oder sonst wie. Du benötigst keinen Dolmetscher!

Satan versucht die Menschen zu entmündigen, ganz besonders durch die Religion. Die Leute lassen sich das gefallen und sagen: „Das ist doch angenehm. Ich muss nicht beten. Das vollziehen die anderen für mich, die Fürbitter!“

Viele verkaufen sich als Sklaven, dienen brav als Sklaven weiter und finden sich mit ihrem Los ab. Warum? Sie kennen und wissen nichts anderes mehr. Daniel schüttelte das Joch ab! Er verunreinigte sich nicht mit der Speise des Königs: „Also, das muss sehr gut sein! Das ist eine Delikatesse!“ Verstehst du? Lauter Delikatessen! Niemand wird gut genährt und gesättigt durch Delikatessen! Du brauchst auch einmal Schwarzbrot, kerniges Brot, etwas Natürliches!

Satan schuf den Menschen ein neues Fundament: Die Speise aus Babylon! Deshalb diese ganze Gefangenschaft! Man denkt, dass man „vom Regen in die Traufe gelangt“, aber es ist sogar noch viel schlimmer! In Palästina lebten sie noch natürlich. Heute wird alles nur noch künstlich hergestellt! Ja, alles nur künstlich, künstlich, künstlich, künstlich und künstlich! Das wurde ihnen zum Fluch! Die Jünglinge, die sich nur mit Wasser und Gemüse nährten, waren schöner, intelligenter und geschickter! Ihre Enthaltsamkeit hatte sichtbare Auswirkungen auf ihr persönliches Leben! Wenn du lernst, Verzicht zu üben, profitierst du in deinem Leben!

In der Heiligen Schrift ist eine interessante Heilung aufgezeigt: Da gibt es das jüdische Volk. Sie wollen immer Schlaumeier sein. Sie wollen dich von Jesus wegbringen. Hier wird uns über die Heilung des Blindgeborenen berichtet. Plötzlich sah er! Die Leute fragten aufgeregt: „Wer hat dich gesund gemacht?“ Aber seine

Eltern vermuteten schon, was sich zutrug, und sprachen: „Wir wissen nicht, wer ihm die Augen auftat, wir wissen nur eines: *er ist alt genug*, deshalb fragt ihn selbst", wie nachfolgend geschrieben steht: **Nun glaubten die Juden nicht von ihm, dass er blind gewesen und sehend geworden war, bis sie die Eltern dessen riefen, der sehend geworden war, und sie fragten sie und sprachen: Ist das euer Sohn, von dem ihr sagt, er sei blind geboren? Wieso ist er nun sehend? Da antworteten seine Eltern und sprachen: Wir wissen, dass dieser unser Sohn ist und dass er blind geboren wurde. Aber wieso er nun sehend ist, wissen wir nicht, und wer ihm die Augen aufgetan hat, wissen wir auch nicht. Fragt ihn, er ist alt genug; lasst ihn für sich selbst reden (Joh 9,18-21).** „Er ist alt genug, deshalb fragt ihn selbst. Dieser geheilte Blindgeborene ist imstande, für sich selbst zu reden!"

Wir sollten für uns selbst reden, auch dann, wenn wir ein Zeugnis ablegen. Rede für dich selbst, sonst bringst du dich in Lebensgefahr. Rede für dich selbst so, wie der Herr will, dass du es aussprichst. Und dann steht geschrieben: **Das sagten seine Eltern, denn sie fürchteten sich vor den Juden. Denn die Juden hatten sich schon geeinigt: Wenn jemand ihn als den Christus bekennt, der soll aus der Synagoge ausgestoßen werden. Darum sprachen seine Eltern: Er ist alt genug, fragt ihn selbst. Da riefen sie noch einmal den Menschen, der blind gewesen war, und sprachen zu ihm: Gib Gott die Ehre! Wir wissen, dass dieser Mensch ein Sünder ist. Er antwortete: Ist er ein Sünder? Das weiß ich nicht; eins aber weiß ich: dass ich blind war und bin nun sehend (Joh 9,22-25).**

Ihm war es vollkommen gleich, ob er ein Sünder war, was die Juden dachten, was die Religiösen dachten, was die Humanisten dachten! Und ich fahre fort: **Da fragten sie ihn: Was hat er mit dir getan? Wie hat er deine Augen aufgetan? Er antwortete ihnen: Ich habe es euch schon gesagt, und ihr habt's nicht gehört! Was wollt ihr's abermals hören? Wollt ihr auch seine Jünger werden? Da schmähten sie ihn und sprachen: Du bist sein Jünger; wir aber sind Moses Jünger (Joh 9,26-**

28). Du siehst, lass dich nicht von Humanisten, Judaisten, Zionisten oder von wem auch immer ins Hintertreffen bringen! Sie wollen die Wahrheit nicht hören! Du musst „die Perlen nicht vor die Säue werfen". (Siehe Mt 7,6) Die Juden lachten ihn aus, verachteten und diskriminierten ihn! Sie nahmen ihn nicht ernst! Viele, die für sich beten lassen, beten selber nicht! Wenn du sie genau betrachtest, dann erkennst du, dass sie selbst gar kein Gebetsleben führen!

Wenn mich jemand darum bat, für ihn zu beten, sagte ich: „Ja, ich bete für dich, doch zuvor frage ich dich, ob du selbst auch schon ein Gebet vornahmst. Und, hast du über dein Problem schon gefastet? Denn diese Art fährt nicht aus, als durch Gebet und Fasten", wie geschrieben steht, siehe hier: **Diese Art (von bösen Geistern) aber lässt sich nur durch Gebet und Fasten austreiben (Mt 17,21** MENG**).** Nur dadurch erlebst du das Wunder! Wenn du in deine Kammer gehst, die Tür schließt und dein Gebet vollziehst, wird es der Herr öffentlich vergelten (s. Mt 6,6). Was glaubst denn du? Auf dich warten aufgrund deiner Fürbitten und Gebete die herrlichsten Verheißungen!

Ja, der Gott, der ins Verborgene sieht, wird es öffentlich vergelten. Aber bei den fremden Gebeten weißt du nicht, was sie bewirken! Jemand betet etwas zusammen für dich, was gar nicht der Wille Gottes für dein Leben ist! Jeder muss selber wissen: „Was ist der Wille des Herrn für mein persönliches Leben?" Sonst betet er Unfug zusammen! Ein Gebet ist wirkungsvoll! Der Herr will, dass du selbst betest, dass du selbst den Mund auftust, dass du selbst zum Herrn rufst! Die, welche zum Herrn schreien, denen schickt Er Hilfe. Wenn du nicht zum Herrn schreist, wird Er dir nicht helfen. Er wird vielleicht dem anderen helfen, aber nicht dir.

Viele suchen nur Mitleid. Entschuldigung, dass ich das sage, aber ich kenne so viele Christen, bei denen das so ist! Das ist wahr. Sie suchen „ein Ohr, in das sie andauernd jammern können", aber sie selbst „machen keinen Finger krumm".

Daniel tat Buße über die Sünden seines Volkes, aber das war Unfug, es brachte nichts! Sie waren sowieso siebzig Jahre in der babylonischen Gefangenschaft. Aber als er für sich selbst Buße tat, sich selbst demütigte und sprach: „Ich versagte! Meine Vorfahren und wir alle versagten! Ich bekenne meine Sünde und tue Buße!“, da war das okay. Aber es ist nicht okay, wenn man sich ganz groß als ein Fürbitter herausstellt!

Als Jona[15] in Ninive ankam und predigte, dass in vierzig Tagen Ninive untergehen würde (s. Jon 3,4b), taten die Bewohner am dritten Tag „Buße in Sack und Asche vom König bis zum Kleinvieh“. Sogar die Hühner bekamen nichts mehr zu fressen. Sie taten Buße. Ich lese, was geschrieben steht, siehe hier: **Da glaubten die Leute von Ninive an Gott und riefen ein Fasten aus und zogen alle, Groß und Klein, den Sack zur Buße an (Jon 3,5).** Das tat ausnahmslos jeder Einzelne für sich! Wir sind wahr und echt, wenn wir „Christus in uns“ haben, also dann, wenn wir den Herrn in uns haben und Ihn ausleben. Wenn wir mit Gott verbunden sind, brauchen wir keine Dolmetscher: „Bete für mich! Bitte bete für mich!“ Ich kann selber beten! Wenn ich es selber nicht kann, soll ich krank bleiben und krepieren. Das teile ich euch in aller Liebe mit. Verstehst du, was ich dir damit sagen will?

Jeder soll beten zu seinem Gott. Solches vollzogen sie, als Jona im Schiff war. Weil jeder zu seinem Gott betete, fanden sie heraus, wer der Schuldige war (s. Jona 1,14). Wir sollten selbst den Herrn suchen, selbst den Herrn fragen. Der andere weiß nicht, was der Wille des Herrn für mein Leben ist. Ich muss das selbst herausfinden!

Das Volk Gottes ist faul und bequem geworden! Es steht geschrieben: **Denn mein Volk tut eine zwiefache Sünde: Mich, die lebendige Quelle, verlassen sie und machen sich Zisternen, die doch rissig sind und das Wasser nicht halten (Jer 2,13).** Es bringt nichts!

———

Beim Herrn gibt es kein Ansehen der Person (s. Röm 2,11). „Ach, Judit, du bist eine gottesfürchtige Frau. Bete doch für uns, dass der Regen fällt und wir wieder Wasser in unseren Zisternen haben." Der Herr will, dass *du* betest! Das ist auch die Botschaft für mich. „Daniel, der Fürsprecher", so lautet mein Thema. Jeder vermag Dämonen zu vertreiben. Höre mir gut zu. Jeder vermag auf Kranke die Hände zu legen. Er muss es nur vollziehen. Jeder, der da will, vermag in neuen Zungen zu sprechen. Es steht geschrieben: **Die Zeichen aber, die folgen werden denen, die da glauben, sind diese: In meinem Namen werden sie Dämonen austreiben, in neuen Zungen reden, Schlangen mit den Händen hochheben, und wenn sie etwas Tödliches trinken, wird's ihnen nicht schaden; Kranken werden sie die Hände auflegen, so wird's gut mit ihnen (Mk 16,17f.).** Das vermag also jeder. Da musst du kein Apostel Petrus[16], Apostel Johannes[17] oder irgendein anderer Apostel sein! Jeder, der glaubt und es will, vermag auf Kranke die Hände zu legen und zu beten, und es wird besser mit ihnen werden. Jeder vermag die Bibel zu lesen und zu verstehen, wenn er es nur will! Jeder, der will, vermag dem Herrn nachzufolgen! Dazu braucht er keine Sonder-Berufung oder Sonder-Erwählung. Jeder, der will, vermag das Reich Gottes zu bauen! Jeder, der Geld hat, vermag eine Spende zu entrichten, sodass das Reich Gottes Unterstützung erfährt. Jeder vermag ein Segen zu sein. Er muss sich nur dem Herrn zur Verfügung stellen.

Jeder Einzelne vermag Offenbarungen zu empfangen. Jeder Einzelne vermag Visionen zu haben, wenn er sich nicht töricht anstellt. Der Unterschied zwischen einer erfolgreichen Person und einer anderen, ist, dass die andere den Willen dazu nicht hat! Es liegt weder an der Kraft noch an den Fähigkeiten, sondern sie hat nicht den Willen dazu. Sie sagt: „Das sollen doch die anderen tun!", „Das soll doch die Obrigkeit tun!", „Das soll doch das Sozialamt tun!" oder: „Das soll doch der Herr Doktor vollziehen!", oder aber: „Das soll doch der Pastor tun!" oder auch: „Das sollen doch die Geschwister machen!" Sie suchen immer einen Törichten. Ich schockiere dich jetzt vielleicht, doch ich nahm vorweg, dass ich „heilige Kühe schlachten“ werde.

Wer etwas haben will, muss allein den Weg beschreiten, den der Herr für sein Leben vorsah! Wer etwas nicht will, wird immer Gründe suchen, warum er das nicht kann! So spricht der Herr: **Und es soll geschehen: Wer des HERRN Namen anrufen wird, der soll errettet werden (Joel 3,5a).** Du brauchst niemanden, der für dich schreit. Du musst selber schreien, wenn du „bis zum Hals im Morast steckst“. Du musst den Herrn selbst um Hilfe bitten! Dann wird dir geholfen. Dann wirst du gerettet. Dann wird dich der Herr „an die Hand nehmen“ und dir helfen, gleich Petrus, als er zu sinken begann. Er rief aus: „Herr, hilf!“, und schon war die Hilfe Gottes da (s. Mt 14,30). Hätten die Brüder gebetet: „O Herr, unser Petrus sinkt! Wir haben bald keinen Papst mehr!“, wäre Petrus ersoffen! Das teile ich euch in aller Liebe mit. Er wäre untergegangen wie ein Wetzstein. Aber Petrus begab sich selbst ins Gebet: „Herr, hilf!“

Wenn du irgendwo ein Wunder brauchst in deinem persönlichen Leben, rufe zum Herrn: „Herr, hilf! Hab Erbarmen! Geh nicht vorbei, o Heiland!“ Dann wird dir geholfen! Dann wirst du gerettet werden! Dann wird der Herr eingreifen und dich führen!

Es kann nicht deutlicher gesagt werden. Also, ich weiß nicht, wie ich es euch noch deutlicher mitteilen kann. „Daniel, der Fürsprecher!“ Ja, es kann nicht deutlich genug gesagt werden. Wer auch immer etwas will, die Verheißungen Gottes gelten ausnahmslos für jeden Einzelnen individuell, ganz einerlei, ob du nun halb fromm, dreiviertel fromm oder ganz fromm bist. Das spielt hier absolut keine Rolle. Der Herr schaut das Herz an (s. 1 Sam 16,7b). Das Wort des Herrn, das gemäß der Überlieferung aus der Heiligen Schrift offenbar wurde und nachfolgend geschrieben steht, lautet wie folgt: **Und rufe mich an in der Not, so will ich dich erretten,** und du sollst mich preisen **(Ps 50,15).** Das gilt ausnahmslos und ohne Unterschied für einen jeden!

Jesus ist der Herr über alle Kreatur. Er hilft allen, die Ihn anrufen! Aber die meisten rufen Ihn nicht an. Wenn du Hilfe benötigst, greife zum Telefon. Sofort kommt „die Erste Hilfe mit dem Hubschrauber und holt dich ab“. Jeder, der Ihn anruft, wird gerettet, ganz gleich, wo er sich auch befindet. Der Herr will, dass ich selbst bestimme, wie es mit mir weitergeht und was mit mir geschieht.

Der Herr will, dass ich meinen freien Willen gebrauche und ausrufe: „Herr, hilf!“ Er will, dass ich Ja oder Nein sage. Ich darf mich entscheiden. Das ist der Wille des Herrn für mein ganz persönliches Leben. Der Herr will, dass ich mündig und selbstständig bin und mich nicht von Fürbittern und Vorbetern, Lobbyisten und Priestern fremdsteuern lasse! Das ist nicht der Wille des Herrn für unser Leben! Du sollst dein Leben selbst bestimmen bzw., es vom Herrn bestimmen lassen!

Gott will nicht, dass wir unsere Probleme ausposaunen! Du erzählst überall: „Guck mal, ich habe Probleme, Schmerzen, Nöte u. a.“ Weißt du, was dann passiert? Du vergrößerst deine Probleme, weil sie „ausgetreten“ werden. Da kannst du gleich zur Bildzeitung laufen und eine Anzeige aufgeben, wodurch alle in Kenntnis gesetzt werden. Oder du trittst im TV in der Sendung „Brisant“ auf und veranschlagst, was mit dir los ist, damit alle Leute es wissen. Dann wirst du nirgends mehr sicher sein und dich nicht mehr auf die Straße wagen. Behalte deine Probleme für dich und trage sie dem Herrn zu! Sei dein eigener Fürbitter!

Der Herr will nicht, dass du mit deinen Problemen hausieren gehst. Wenn du das vollziehst, verherrlichst du Satan: „Bete für mich, weil ich dieses und jenes Problem habe!“ Je mehr Fürbitter du hast, desto mehr Dämonen hast du beauftragt, für dich aktiv zu werden. Dämonen sind unreine Geister, die ihre Behausung verlassen haben

(s. Lk 11,24-26). Sie haben nichts zu tun, sie haben nichts zu melden, sie haben nichts zu helfen. Du solltest die Dämonen vertreiben im Namen Jesu Christi!

Der Herr will, dass ich mündig und selbstständig bin, und nicht zu den Priestern renne. Priester heilten noch niemanden und halfen noch niemandem! Sie sind auf dein Opfer erpicht. Liefere dich nicht fremden Leuten aus! Falle, wenn du fällst, nicht in die Hände der Menschen, sondern in die Hände des Herrn (s. 2 Sam 24,14).

Die vier Jünglinge gaben sich nicht auf. Sie gaben nichts aus der Hand, nicht einmal ihre Ernährung! Sie sprachen: „Gemüse und Wasser, das reicht uns. Das vollziehen wir für zehn Tage, und dann werden wir ja sehen." So sollen wir leben. Wir sollen sagen: „Wir werden weitersehen!" oder: „Nach zehn Tagen werde ich weitersehen. So viel Zeit nehme ich mir, damit ich mein Leben erneuere und verbessere." Wir sollten über unser Leben, über unsere Seele und über unseren Geist selbst die Verantwortung behalten, sie festhalten und niemals aus der Hand geben!

Unsere Gesellschaft besteht aus Weichlingen und Feiglingen, aus unselbstständigen und unreifen Menschen, die nicht mehr für sich selbst sprechen können. Nicht einmal das Einmaleins beherrschen sie. Sie liefern sich willkürlich dem Staat aus. Rückgratlos passen sie sich überall an und sagen: „Wir lassen uns impfen!" Während einer Pandemie soll man die Kranken behandeln, und Gesunde soll man nicht jagen! Man soll sie in Ruhe und zufriedenlassen!

Die Kirche, die Industrie, die sozialen Medien geben die Daten weiter und werden dich versorgen. Wenn du irgendwohin gehst, musst du sofort alles ausfüllen. Würdest du vom Mars auf die Erde kommen, müsstest du vierundsechzig Fragen beantworten darüber, was du alles machst, nur damit sie dir behilflich sind! Bevor du das nicht getan hast, helfen sie dir nicht! Du musst alles offenlegen, was du hast, wie viel Einkommen du verdienst, was du vollzogst, welche Krankheiten du hattest, welche

Krankheiten deine Vorfahren hatten u. v. m. Alles wird erfragt! Behalte dein Wissen bzw. dein Unwissen für dich selber und erlange die Weisheit Gottes.

Viele glauben, ohne die sozialen Medien wie Fernsehen, Smartphone, Facebook u. a. ist man nicht mehr „up to date". Wer das nicht hat, ist nicht mehr zeitgemäß. Heutzutage kannst du nicht einmal mehr eine Kino- oder Theaterkarte erwerben, wenn du nicht online bist. Für viele ergibt das Leben so gar keinen Sinn mehr. Sie wundern sich, warum man nicht online ist und fragen: „Wie ist es euch nur möglich, so zu leben! Seid ihr etwa so altmodisch? Ihr habt kein Telefonbuch mehr, kein Google mehr, dieses und jenes nicht mehr. Ihr habt den Kontakt zur Welt verloren!"

Für viele besteht das Leben nur noch aus dem sozialen Mediennetz. Du musst nur einmal aus dem Fenster schauen. Da siehst du die Leute mit einem kleinen, tragbaren Kästchen in der Hand. Das Größte am Smartphone ist die Batterie. Alles andere ist nur ein kleiner Chip. Kein Wunder, dass die Leute heute das Leben nicht mehr bewältigen können! Sie sind nicht imstande, für sich selbst zu sprechen. Sie finden keinen Rat, keine Inspiration, keine Lösung, keinen Trost, keinen Frieden. Daniel war ein Fürsprecher für sich selbst! Er konnte ausschalten und schlafen gehen mit dem Gedanken wie folgt: „Es wird schon recht werden." Er war sehr weise. Wenn du das Buch Daniel studierst, erfährst du, dass er sehr alt wurde. Vier Königreiche überlebte er! Vier Systeme überlebte er! Das fand statt, weil er in sich die Weisheit Gottes trug (s. Dan 5,14).

Der moderne Mensch will die Rettung. Deshalb tauscht er alle möglichen Verschwörungstheorien ein und wird noch mehr vereinnahmt, noch mehr gefangen, noch mehr versklavt. Am Ende landet er erneut in einem Pool, in einem App, damit er wieder „in" ist und eine Neuerung erhalten darf. Das ist Fremdbestimmung! Geschwister und Freunde, wir müssen erlöst werden von der Fremdbestimmung!, was das auch immer für jeden Einzelnen heißen mag.

Verkaufe nicht deine Seele „für ein billiges Linsengericht“! (Siehe 1 Mose 25,29-34) Fange an, für dich selbst zu sprechen! Es ist so wichtig, dass du vor den Herrn trittst und fragst: „Lieber Gott, was kann ich von Dir jetzt erbitten? Was fehlt mir? Heiliger Geist führe und leite mich!“ Der Herr will, dass ich mit Ihm rede, mit Ihm den Tag bespreche, eben das, was heute alles passiert. Fange an, für dich selbst zu reden! Fange an, dich selbst anzunehmen! Fange an, für dich selbst etwas zu tun! Fange an, dein eigener Priester zu sein! Du brauchst keinen Priester, Bruder und Schwester! Du kannst dein eigener Priester sein und musst nicht bitten: „O gottesfürchtiger Jude, bitte bete für mich!“ oder: „Mutter Gottes, bitte bete für uns!“ Damit ist, dem katholischen Verständnis nach, die Mutter Maria gemeint. Jeder kann für sich selbst Fürbitte tun! Er braucht weder Maria und Josef[18] noch irgendwelche anderen Heiligen! Die Leute sind dermaßen abgedriftet, dass sie lauter Heilige brauchen, die für sie beten. Sie rufen aus: „Das ist der heilige Josef!“ Nein! Lerne, selbst zu beten, mit dem Herrn Kontakt aufzunehmen und dich mit Ihm zu besprechen!

Erledige erst einmal deine Hausaufgaben. Erarbeite dir deine eigene Sichtweise. Werde erst einmal selbst mündig und beende dieses fromme Spiel: „Wo ist mein Fürbitter! Ich brauche Fürbitter!“ Das Reich Gottes benötigt Fürbitter, damit es ungehindert in Kraft treten kann. Das tue ich. Ich halte die Leute immer wieder an, dafür zu beten! Das tue ich, damit wir möglichst viele Leute im Internet erreichen und diese, die noch unerreicht sind, also diejenigen, die das Wort des Herrn noch nicht vernahmen, erreicht werden. Für mich braucht ihr nicht zu beten. Ich kann für mich selbst beten! Ich bin imstande, für meine Familie, für meine Nöte, für meine Krankheit selbst zu beten und mich selbst zu verarzten.

Die Jünglinge wollten ein einfaches Leben leben und versuchten, unabhängig vom Staatsregime zu sein. Es steht geschrieben: **Da sprach Daniel zu dem Aufseher, den der oberste Kämmerer über Daniel, Hananja[19], Mischaël[20] und Asarja gesetzt**

hatte: Versuch's doch mit deinen Knechten zehn Tage und lass uns Gemüse zu essen und Wasser zu trinken geben. Und dann lass dir unser Aussehen und das der jungen Leute, die von des Königs Speise essen, zeigen; und danach magst du mit deinen Knechten tun nach dem, was du sehen wirst (Dan 1,11-13). Du wirst selbst die Ergebnisse sehen, also das, was unter dem Strich dabei herauskommt. Du wirst es hernach selber beurteilen! Und so auch: **Und er hörte auf sie und versuchte es mit ihnen zehn Tage. Und nach den zehn Tagen sahen sie schöner und kräftiger aus als alle jungen Leute, die von des Königs Speise aßen. Da tat der Aufseher die königliche Speise und den Wein weg, die für sie bestimmt waren, und gab ihnen Gemüse (Dan 1,14-16).** Wenn es wirklich funktioniert, wenn es wirklich etwas bringt, wenn es wirklich anschlägt, dann soll es auch so sein, ja!

Meine Frau hatte Arthrose und wir probierten alles Mögliche aus, baten die Ärzte um Rat, bis wir dachten: „Irgendwie müssen wir selbst herausfinden, was wir tun sollten." Morgens lasen wir die folgende Schriftstelle: „Diese Art fährt nicht anders aus, als durch Gebet und Fasten." Daraufhin nahmen wir sieben Wochen lang nur vegetarische Kost zu uns. Alles andere behielten wir bei, was die Getränke anbelangte u. a., aber wir lebten vegetarisch. Als wir dann zum Arzt kamen, teilte er ihr Folgendes mit: „Sie sind geheilt. Bei ihnen ist alles in Ordnung. Sie haben keine Arthrose mehr. Was taten Sie?" Heidemie erwiderte: „Wir nahmen vegetarische Kost zu uns!" Der Arzt sagte: „Das hätte ich Ihnen auch sagen können, aber ich traute Ihnen nicht zu, dass Sie das konsequent durchführen würden." Er vermutete das, weil die Menschen oft träge sind, obwohl sie Christen sind! Der Herr muss ihnen mitteilen: „Diese Art fährt nicht anders aus, als durch Gebet und Fasten." Es geschah durch vegetarische Kost und eine Ernährungsumstellung. Wenn du Probleme irgendwelcher Art hast, dann stelle deine Ernährung um! Du wirst merken, dass in deinem Leben einiges anders und besser wird. Doch du musst es vielleicht zwanzig oder vorerst zehn Tage lang versuchen, gleich der drei jungen Männer. Dann wirst du es sehen!

Der Aufseher war erstaunt. Lies, was nachfolgend geschrieben steht: **Und diesen vier jungen Leuten gab Gott Verstand und Einsicht für jede Art von Schrift und Weisheit. Daniel aber verstand sich auf Gesichte und Träume jeder Art (Dan 1,17).** Der Herr muss es uns verleihen! Nicht etwa, dass du selbst etwas erfindest, sondern die Fürsprache passiert. Der Herr spricht: „Diese Art fährt nicht anders aus, als durch eine Gebets- und Fastenperiode." Der Glaube oder der fromme Wunsch allein reicht nicht! Es muss zur Realität werden! Es muss dir entsprechen! Sie erreichten, was sie erreichen wollten. Wenn wir Gottes Wege gehen, werden wir die Unterstützung des himmlischen Vaters erfahren! Diene dem Herrn und der Herr dient dir! Diene der Natur, und die Natur dient dir! So einfach ist es. Ich wiederhole: Diene der Natur, und die Natur dient dir! Ja, auch das könnte das Wort Gottes sein. Ja, auch das könnte in der Bibel stehen. Es verhält sich zwar hier in diesem Fall nicht so, aber ich sage es. Entdecke das Wort des Herrn!

Betrachte, was nachfolgend geschrieben steht: **Und als die Zeit um war, die der König bestimmt hatte, dass sie danach vor ihn gebracht werden sollten, brachte sie der oberste Kämmerer vor Nebukadnezar. Und der König redete mit ihnen, und es wurde unter allen niemand gefunden, der Daniel, Hananja, Mischaël und Asarja gleich war. Und sie wurden des Königs Diener (Dan 1,18f.).** Der König befand sie als zehnmal so klug! Wahrscheinlich wird er sich gefragt haben: „Aufseher, was verabreichtest du den vier jungen Männern?" Und er wird erwidert haben: „Ich habe ihnen lediglich Wasser und Gemüse verabreicht!" Du siehst also: ganz normal und ganz einfach trug es sich zu! Und ich fahre fort: **Und der König fand sie in allen Sachen, die er sie fragte, zehnmal klüger und verständiger als alle Zeichendeuter und Weisen in seinem ganzen Reich. Und Daniel blieb dort bis ins erste Jahr des Königs Kyrus[21] (Dan 1,20f.).** Der König befand sie als zehnmal weiser und klüger! Überlege einmal! Sie übertrafen alle! Sie waren bei klarem Verstand! Sie waren denkfähig, sie waren urteilsfähig, sie waren begabt, ja hochbegabt! Sie waren vernünftig, sie waren weit überlegen, sie waren reifer als ihrem Alter gemäß. Was veranlasst nicht der Herr alles, wenn man sich Ihm unterordnet!

Wahre Weisheit wird uns vom Herrn zugewiesen. Ich denke nur an König Salomo[22]. Nachdem er König von Israel wurde, betete er zum Herrn: „O Herr, verleih mir Gnade!“ (Siehe 1 Kön 3,7f.) „Verleih mir Weisheit!“ Der Herr sprach zuvor: „Drei Wünsche hast du frei“ (Siehe 1 Kön 3,5.11), und er bat um Weisheit (s. 1 Kön 3,9). Der Herr verlieh ihm Weisheit (s. 1 Kön 3,12b), und am nächsten Tag musste Salomo einen Gerichtsprozess abhalten. Zwei Frauen traten ein. Die eine hielt ein totes Kind im Arm, und die andere ein lebendiges. Sie stritten sich darum, wem das lebendige Kind gehören würde (s. 1 Kön 3,16-22) und Salomo sprach in der ihm vom Herrn verliehenen Weisheit: „Bringt mir ein Schwert. Ich werde das gesunde Kind teilen, sodass jeder eine Hälfte davon erhält.“ Daraufhin rief die wahre Mutter: „Nein! Lieber soll die andere Frau das Kind behalten, als dass es geteilt wird!“ (Siehe 1 Kön 3,24-27) Du siehst, der Herr verlieh Salomo eine Weisheit, die man zu keiner Zeit in seinem Reich fand!

Der Herr verleiht Weisheit, wenn du mit Ihm redest, bei Ihm vorsprichst und Ihm zur Ehre lebst. Ich lese, was nachfolgend geschrieben steht: **Und ganz Israel hörte von dem Urteil, das der König gefällt hatte, und sie fürchteten den König; denn sie sahen, dass die Weisheit Gottes in ihm war, Gericht zu halten (1 Kön 3,28).** Sie hatten Ehrfurcht vor ihm! Du siehst, der Herr verleiht nicht nur Weisheit, sondern auch Ehrfurcht und Respekt. Denn sie merkten, dass Gott mit Salomo war, ihm Weisheit verlieh und ihm half, gerechte Urteile zu fällen. Sie merkten es! Die Leute werden merken, dass der Herr mit dir ist! Wenn du mit Gott bist, ist Gott auch mit dir.

Daniel und seine Freunde wussten über ihren Daseinszweck Bescheid. Sie konnten für sich selbst sprechen. Sie waren mündig, was heutzutage leider viele Christen nicht mehr sind; sie sind unmündig, sogenannte Christen, Mitläufer, nominelle Menschen, aber sie besitzen keine Entscheidungsbefugnis über sich selbst. Sie lassen andere über sich entscheiden.

Diese vier Jünglinge wussten: „Unsere Bestimmung ist eine andere als diese der Babylonier. Unsere Berufung ist eine andere Berufung! Unser Glaube ist ein anderer Glaube! Unser Ziel ist ein anderes Ziel!“ Sie wussten das! Sie lebten ihren Glauben ganz bewusst aus. Lies, wie alles begann: Es begann mit der Nahrung, mit Gemüse (s. Dan 1,8).

Iss Gemüse, Bruder, Schwester! Das kann dir nicht schaden! Da musst du nicht den Arzt oder Apotheker fragen. Ja, iss Gemüse! Mit der Ernährung, also mit dem Einfachen, fing es an. Unser Glaube muss sich schlicht und einfach im Alltag bewähren. Unsere Einstellung bestimmt unser Leben! Wenn Kritik und Rebellion in unserem Leben dominieren, wenn wir stolz und eingebildet sind und denken: „Des Königs Speise ist wunderbar! Betrachte die Verpackung!“ – Heutzutage ist alles trügerisch! Man denkt, darin ist so viel, dabei ist nur so wenig enthalten! – dann wirst du betrogen ohne dem gewahr zu werden. Genau das wollten die vier Jünglinge bloßstellen! Sie wollten sich einfach ernähren! Sie lehnten sämtliches künstliche Drumherum ab!

Sie wollten Quellwasser trinken. Sie übten Verzicht! Sie gingen zunächst einmal den untersten Weg, den Opferweg. Der Herr gab ihnen Recht und bestätigte sie. Zuvor mussten sie einiges überwinden, sich bewähren, behaupten und zehn Tage lang die Probleme lösen. Unser Alltag muss unseren Glauben präsentieren! Wir müssen den Glauben ausleben. Nachdem wir das taten, gelingt es uns, wieder weiterzugehen.

Sie lebten in Babylon, aber sie waren nicht von dort. Gleich uns in Deutschland bzw. gleich mir: ich lebe zwar in Deutschland, werde auch in Deutschland bleiben, wandere nicht aus, obwohl ich es könnte, aber ich *bin* nicht von hier. Ich lasse die deutschen Gesetze, sobald sie meinen Glauben, meinen Geist und meinen Körper verletzen, nicht an mich heran! Sie ließen die Gesetze des Königs nicht an sich heran! Sie besaßen einen anderen Geist! Sie lebten nach einer anderen Ordnung! Sie lebten in einem ganz anderen System! Sie hatten ganz andere Informationen: „Unsere Informationsquelle ist der Herr!“ Sie tolerierten nicht die Götter Babylons und beteten sie auch nicht an! Sie erhielten zwar babylonische Namen, aber nahmen sie für sich persönlich nicht an. In ihrer Andacht, in ihrer gemeinsamen Kommunikation, verständigten sie sich anders. Sie lebten in der Offenbarung des Herrn. Sie lebten ihren Glauben aus. Sie waren treu zu Gott, zu Seinem Wort, zu Seinen Befehlen, und sie sprachen: „Wir leben so, wie unserer Vorfahren lebten!“

Das Buch Daniel ist das Buch über die Herrschaft Gottes! Wenn wir dem Herrn in unserem Leben die Regentschaft übergeben, wird Er darin das Zepter führen! Ihr Verhalten zerstörte den Unglauben der Babylonier. Alles erwies sich als Humbug. Die Götzen, denen sie dienten, erwiesen sich als null und nichtig. Es war ihr „Ungehorsam“, da sie sprachen: „Wir machen da nicht mit!“ und: „Wir wollen anders sein!“ Dadurch kamen sie von den babylonischen Fesseln los, von dem Druck des Königs. Sie widersetzten sich dem Kult, was auch immer das nun auch für dich bedeutet.

Das konsequente Verhalten Daniels und seiner Freunde machte sie außergewöhnlich! Was wir heute in Deutschland brauchen, sind außergewöhnliche Menschen, also keine Durchschnittsbürger und Mitläufer. Der Herr sieht, wie wir uns bewusst verhalten, was wir bewusst tun, wie wir uns absichtlich verhalten. Das ist für den himmlischen Vater interessant! Was wir gewollt tun, ist ausschlaggebend für den Herrn, nicht etwa, ob wir das alles können und schaffen, oder, ob das richtig und gut ist! Er will sehen, was wir bewusst vollziehen.

Der Herr straft auch nicht die unbewussten Sünden, sondern nur die bewussten. Deshalb ist so wichtig: Lebe bewusst! Handle bewusst und richtig! So wirst du all die Reiche überleben! Daniel und seine Freunde waren ganz hoch oben! Der Herr gebrauchte und segnete sie mächtig! Daniel überlebte ein Königreich nach dem anderen: das der Meder, das des Belschazar, das des Darius u. a. Er überlebte! Er war überall der Angesehenste, der Beste, der erste Mann nach dem König.

Gebet: Vater im Himmel, ich danke Dir, dass Du uns den Glauben Daniels schenkst. Wir möchten diesen Daniel-Glauben verinnerlichen, übernehmen, und für uns selbst sprechen. Der Glaube an Dich ist stärker als alles in der Welt, er ist stärker als jeder Unglaube und was auch sonst noch. Herr, wir sind zuversichtlich, denn wir wissen: Du regierst und Du hast alles noch unter Kontrolle, auch hier in unseren Tagen. Das macht uns getrost und gelassen! Stehe all den Gläubigen bei, die Dich kennen, die Dich lieben und die sich bedrängt fühlen! Lieber Heiland, hilf den Menschen, die, wo auch immer sie sich befinden, Deine Hilfe brauchen, und lehre sie, Vater, für sich selbst zu sprechen. Denn das tun sie in Jesu Namen, Amen.

Teil 2

Predigt von Pastor Joh.W.Matutis

„Elia, der Prophet Gottes“

Elia, der Prophet Gottes

Einen schönen Guten Abend! Ich freue mich für jeden, der gekommen ist. Wir wollen den Herrn anbeten, Gott loben und preisen, und vor allem möchten wir Gottes Wort hören, denn der Glaube kommt aus der Predigt (siehe Röm 10,17a). Ich verkündige diese Tage über Menschen wie David[1] und Absalom[2]. Heute will ich etwas über Elia[3] sagen. Elia, ein Prophet des Herrn. Es ist nicht einfach, ein Prophet des Herrn zu sein. Wir denken manchmal, dem Herrn zu vertrauen, dem Herrn zu dienen, ist wunderbar. Nein, das ist ein harter Kampf. Wenn du für den Herrn arbeitest, verzweifelst du manchmal und bekommst Depressionen.

Ich sehe bei Elia, dass er kämpft. Er lässt Feuer vom Himmel fallen und im nächsten Augenblick bekommt er Depressionen, weil er die Nachricht empfängt: „Morgen geht es um deinen Kopf! Morgen geht es um dein Leben! Morgen wirst du bezahlen müssen für alles, was du angerichtet hast!“ (Siehe 1 Kön 19,2) Denn achthundertfünfzig Baalspriester ließ er abschlachten (s. 1 Kön 18,40).

„Elia, der Prophet Gottes“ lautet mein Thema. Er ist einer der großen Helden des Herrn. Er ist mit Stärken und Schwächen begnadigt. Jeder Mensch hat Stärken und Schwächen. Das sehen wir bei David. Trotzdem war David „ein Mann nach dem Herzen Gottes“. (Siehe 1 Sam 13,14b) Er versagte, und trotzdem lebte in ihm der Herr. Er diente Ihm zu seiner Zeit mit den Gaben, die er zur Verfügung hatte. Er gab es weiter an seinen Sohn Salomo[4]. Auch der war nicht vollkommen. Auch der machte viele Fehler. Auf der einen Seite baute er den Tempel des Herrn, und auf der anderen Seite – auf dem anderen Hügel – baute er für seine neunhundert Frauen Harems (vgl. 1 Kön 11,3). Das war ein Ärgernis in Israel! Wie kann jemand ein Christ sein, wenn er auf der einen Seite den Tempel baut und auf der anderen Seite einen Harem. Das soll aber hier nur nebenbei Erwähnung finden.

Elia war ein Mensch wie wir. Er liebte den Herrn, diente Ihm zu seiner Zeit, erreichte aber auch vieles nicht. Elisa musste zuvor gesegnet werden. Elisa[5] vollendete seine Arbeit. Wir sollen uns nicht so wichtig nehmen. Das war gestern mein Grundgedanke. Sage nicht: „Ich mache alles!“ Ja, du vermagst vielleicht alles für den Herrn zu machen, aber in dem Rahmen, den der Herr dir steckt! Das Übrige musst du deinem Nachfolger überlassen.

Ich musste das in meinem Leben auch lernen. In der Kirche am Leopoldplatz hielt ich einst einen Gottesdienst ab, und als ich nach Hause kam, betete ich: „Herr, ich bin so begrenzt. Einfach nur in dieser Kirche die Gottesdienste abzuhalten – was bringt das für die Ewigkeit, für die Welt, für die Menschen?“ Dann schaltete ich das Radio ein und jemand, der sich einst bei uns taufen ließ, moderierte eine Sportsendung. Es war ein Sportsmann, ein Olympiasieger, der mehrere Goldmedaillen errungen hatte. Er sprach: „Ich liebe Musik und ich liebe eine Person ganz besonders, das ist meine Frau. Aber noch viel mehr als meine Frau und die Musik, liebe ich Jesus!“ Er bekannte „sein Leben in Jesus“. Er wurde damals bei mir in der großen Kirche nahe der Nazarethkirchstraße getraut.

Wir dienen, und jemand anderes führt fort. Es wäre schön, wenn wir nicht immer Folgendes denken würden: „*Ich* muss alles tun!“ Wir eröffnen, bilden die Grundfeste, „streuen den guten Samen aus“, der andere begießt, jätet, bewacht, und der vierte erntet. So ist das Leben, ihr Lieben.

Elia war ein Prophet des Herrn. Er diente Gott zu seiner Zeit mit seinen Gaben, Fähigkeiten und Talenten, mit seinen Stärken, in aller Schwachheit und mit allem, was er besaß. Ihr Lieben, deshalb ist es sehr wichtig, dass wir uns gebrauchen lassen von Gott! Der eine kann gut singen, der andere gut beten, der eine kann gut Texte verfassen, der andere gut reden. Nicht jeder kann alles! Ich denke nur an den amerikanischen Evangelisten Dwight L. Moody[6]. Wenn er einen Satz mit fünf Wörtern schrieb, machte er sechs Fehler. Er konnte nicht sonderlich gut schreiben, aber er predigte so stark, dass die Leute nach vorn stürmten.

Ein anderer war Smith Wigglesworth[7]. Seine Frau las ihm aus der Bibel vor, weil er nicht lesen konnte. Aber er predigte! Der eine macht dieses, und der andere jenes. Wir Kinder Gottes sollen uns ergänzen. Dazu sind wir auf dieser Welt. Am Mittwoch, so Gott will und wir leben, werde ich verkündigen, wie eine solche Ergänzung stattfindet. Wir haben Fähigkeiten. Dieser hat da seine Stärke, jener dort, der eine hat da seine Schwäche, der andere dort, und wir sollten einfach unsere Fähigkeiten gebrauchen zur Ehre, zum Preis und zum Lob Gottes. Der Herr liebt ganz normale Menschen, die sich Ihm hingeben, die „mit beiden Beinen im Leben stehen", die natürlich bleiben und nicht irgendein fromm-religiöses Getue an den Tag legen. Der Herr kann fromm-religiöse Menschen nicht gebrauchen! Das teile ich euch in aller Liebe mit. So gut wie Religion ist, wie der Glaube ist, wie die Heilige Schrift ist, aber manche Leute „schlagen mit Bibelversen nur so drein". Der Herr kann gar nichts bewirken durch diese Menschen!

Der eine kann glauben und dem Herrn vertrauen, und der andere kann den Glauben umsetzen und ausführen, was Gott zu ihm sprach. Der eine kann glauben, während der andere zweifelt und alles wie folgt infrage stellt: „Warum? Wieso?" Der eine kämpft, und der andere siegt. Saul[8] war nötig für den Kampf des Glaubens! Als ihn die Philister[9] provozierten, nahm er es mit ihnen deswegen nicht auf, weil er zu feige war (s. 1 Sam 17,11). Aber David konnte im Namen des Herrn (s. 1 Sam 17,45) – anstelle des Sauls – auftreten und Goliat[10] schlagen (s. 1 Sam 17,49-50a).

Elia, der Tisbiter, stammt aus dem Ostjordanland. Seine Geschichte finden wir im 1. Buch Könige Kapitel 17 die Verse 1 bis 7 vor. Er war ein biblischer Prophet, ganz besonders zu dem einen König geschickt, zu König Ahab[11], und dann auch noch zu König Ahasja[12]. Das ereignete sich etwa 900 Jahre vor Christi Geburt. Ahab, ein gottloser König (vgl. dazu 1 Kön 16,29-34), regierte auf dem Thron Davids. Weißt du, der Herr hätte ihn einfach wegjagen können und die Sache wäre getan. Doch stattdessen sprach Er: „Um Davids willen bleibt Ahab als König bestehen." Seine Söhne waren Taugenichtse! Ein paar wenige Könige gab es, von denen man sagte: „Um Davids willen nahm Er das Königtum nicht von ihnen." Das ereignete sich immer um Davids willen. Wir haben gewiss auch in unserer Familie, in unserer Sippe, in unserem Stamm oder in unserem Volk Menschen, die für uns Gebete sprachen. Darin heißt es: *„... aber um Davids willen ..."* (Siehe z. B. 1 Kön 15,4)

Er wirkte vor allem im Nordreich Israels. Das Königtum war abgewirtschaftet, heruntergekommen, verwüstet und nahezu am Ende. Aber es musste noch solange bleiben bis Jesus[13] kam. Es geht jeweils immer um Jesus, auch in der Geschichte damals, da die Leute bankrott waren und es einfach nicht schafften. Wenigstens einer muss immer übrigbleiben, damit der Heiland kommen kann. Es steht geschrieben: **Denn das Heil kommt aus den Juden (Joh 4,22c).** Das verkündigte im Neuen Testament der Herr durch Paulus[14].

Ahab verlieh Israel in außenpolitischer Hinsicht Erfolg. Es war die Blütezeit. Es ging ihnen wirtschaftlich blendend, aber innen drin war alles morsch. Deshalb höre auch die gestrige Botschaft als Ergänzung nach *(s. Predigt: „Davids letzte Tage" vom 13.08.2021).* Es ist nicht genug, dass wir äußerliche Erfolge haben! Auch der innere Erfolg muss mitgehen, sonst haben wir „einen religiösen Wasserkopf". Viele Christen stellen dar: „Es geht uns blendend! Es geht uns gut! Halleluja! Lob und Dank!" Nein! Wir sollten innerlich und geistlich auch mitwachsen! Viele sind äußerlich sehr erfolgreich, sehr beredt, aber innerlich faul und morsch. So waren damals viele in Israel.

Ahab war ein gottloser König ohne Substanz. Seine Frau Isebel[15] hatte das Kommando. Viele Männer versagen, weil die Frau das Kommando übernimmt und sie die biblische Rangordnung nicht kennen. Die biblische Ordnung ist wie folgt: Mann, Frau, Kinder.

Isebel sprach: „Leg dich ins Bett, lieber Ahab, lieber König! Ich erledige das! Ich hole den Weinberg von Nabot[16] für dich." (Siehe 1 Kön 21,7) Das ist es, was wir heutzutage auch erleben: den „Geist der Isebel", der sich äußert wie folgt: „Der Staat macht es!", „Die Medizin macht es!" oder: „Der Pastor macht es!" o. a. Wir sollten selber etwas tun und uns nicht hinlegen und warten, bis irgendeine „Isebel" kommt und sagt: „Ich erledige das für dich." Wenn wir es nicht tun, erledigen es andere! Ja, andere stehen dann auf. Warum viele Frauen solche Emanzen wie Isebel sind, alles delegieren, kommandieren und steuern, liegt daran, dass „Ahab" nicht viel taugt! König Ahab hätte als Mann aufstehen und sagen müssen: „Setze dich hier her, Frau. Hier ist dein Platz, in der Küche oder bei den Kindern. Du sollst Prinzessin sein, dich besonders schön herrichten und mich zieren, aber nicht mich kommandieren!"

Isebel war es, die die Religion ihrer Vorfahren einführte, von ihrem Vater, der aus Tyros und Sidon stammte (s. 1 Kön 16,31b). Sie sagte: „Ahab, du hast überhaupt keine Religion. Und du hast auch keinen Glauben. Aber ich bringe meinen Glauben mit!" Sie arrangierte, dass 850 Priester in den Staats- und Regierungsapparat kamen, verstehst du? Es waren ein paar fromme Brüder, die nichts taugten! Wenn das Regierungsoberhaupt versagt, versagen alle! Wenn der König versagt, versagt auch das Fußvolk. Betrachte die Politiker! Betrachte die Pastoren! Wenn sie versagen, versagt auch das Volk.

Konfuzius[17] sprach einmal die folgenden Worte aus: *„Das Verderben geht vom Altar aus."* Wenn du willst, dass das Volk in die Irre geht, verdirb den Priester; nicht den Bürgermeister, sondern den Priester. Verdirb den Hausvater, denn wenn der keinen Hausaltar mehr hat, wenn er nicht mehr würdig vor Gott steht, nicht mehr betet, dem Herrn nicht mehr nachfolgt, versagt die Familie. Die Familie gerät in Chaos, Scheidung folgt, das Paar geht seiner Wege.

Elia trat vor den König und sprach: „Ahab, ist denn kein Gott in Israel, dass du die Baalspriester aus Sidon importieren musst? Ja ist denn kein Gott in Israel?" (Siehe 1 Kön 18,18)

Elia trat aus dem Priestergeschlecht des Stammes Levi[18] hervor, nebenbei erwähnt. Johannes der Täufer[19] kam auch aus dieser Sippe. Er nimmt hier den Auftrag wahr, obgleich er kein Hohepriester ist und kein Amt begleitet, aber er nimmt den Auftrag ernst! Er war ein Prophet des Herrn und sprach: „Also, auch wenn alle schlafen, ich stehe auf und streite für Gott." Es ist wichtig, wenn du aus dieser Linie hervortrittst, wenn du vom Herrn berufen bist und den Ruf Gottes in deinem Leben befolgst, aufzustehen und zu sagen: „Ja, ich führe jetzt!" Überlasse es nicht den anderen!

„Elia" heißt übersetzt: „Der Herr ist mein Gott". Er lebte zur Zeit, da sich das jüdische Volk vom Herrn abgewandt und dem Götzenkult verschrieben hatte. Von frühester Kindheit an war er erfüllt vom Geist des Herrn und eiferte für Gott. Das geht aus seiner Anfangsgeschichte hervor. Die ganze Zeit dachte er an den Herrn. Er sprach: „Sieh nur den Götzendienst an! Das ist nicht tragbar für das Volk der Israeliten! 850 Baalspriester!" Überlege einmal, wie viele „Baalspriester" wir heute in Deutschland haben! Das „geht auf keine Kuhhaut“ mehr! Er erhielt die Bestimmung vom Herrn: „Geh zum König und sprich zu ihm“, wie nachfolgend geschrieben steht: **Nach einer langen Zeit kam das Wort des HERRN zu Elia, im dritten Jahr: Geh hin und zeige dich Ahab**, denn ich will regnen lassen auf die Erde **(1 Kön 18,1).**

Wenn du etwas in deinem Leben verändern willst, solltest du nicht irgendwie von außen, etwa vom Nordreich oder einem Außenbezirk her, kritisieren, sondern ein Insider werden. Geh in den Verein! Gehe in die Kirche! Gehe in die Gruppe! Gehe in die Familie! Oder gehe irgendwo anders hin! Von dort aus kannst du etwas verändern, nicht von außerhalb. Wenn du die Gesellschaft verändern willst, musst du in die Politik gehen. Aber wie viele Christen gibt es in der Politik? Es gibt Katholiken, Protestanten, einige Konfessionslose – und auch einige Moslems sind im Parlament zugegen, aber wo sind die wahren, wiedergeborenen, bibelgläubigen Christen, die in die Regierung gehen oder kandidieren? Du fragst: „Wo soll ich denn kandidieren?, vielleicht bei der AfD, bei der FDP oder wo?“ Weißt du, diese Partei ist nichts, und jene Partei ist auch nichts. Wenn du etwas verändern willst, gliedere dich in irgendeine Partei ein. Wir sollen „Salz und Licht“ sein, unseren Auftrag erkennen und die Arbeit aufnehmen. Da ist „ein breites Feld“ für das Volk des Herrn. Wir sollen das gute Land einnehmen und nicht nur schimpfen, etwa so, wie folgt: „Mit Deutschland geht es bergab! Dieses Land ist verdorben! Satan regiert! Der Antichrist kommt bald!“ Nein! Es ist dir möglich, Satan Paroli zu bieten. Wir haben einen Auftrag von Gott!

Elia machte seine Bestimmung fest. Er ging zu König Ahab und sprach: „Es ist nicht rechtens, was Isebel tut!“ Er sagte sogar Krieg und Kampf wider sie an. Er forderte ihn heraus: „Du bist doch kein Weichei! Steh auf, sei ein Mannsbild! Verrichte deine Arbeit richtig als ein Nachfolger Davids! Sei David ebenbürtig!“ Aber die heidnische

Königstochter Isebel „zog alles nach unten“. Sie ergriff die Initiative, weil die anderen schliefen. Satan ergreift die Initiative, weil Christen schlafen. Gute Nacht! *„Stille Nacht, heilige Nacht. Alles schläft, einsam wacht nur das traute, hochheilige Paar“* usw. Das sind die Weihnachtsgesänge.

Isebel ließ die wenigen Propheten Gottes verschwinden, sodass sie untertauchten (s. 1 Kön 18,4a). Sie redete übel wider sie, auch über Elia: „Was will dieser Fromme aus dem Nordreich?“ Der Rest der Gläubigen wurde verfolgt. Sie ließen sich alles gefallen. Weißt du, wenn die Gescheiten schweigen, triumphieren die Törichten. Ja, die Törichten, deren Worte leer sind, triumphieren! Wir sind von Gott beauftragt, „die Stimme des Herrn“ zu sein und Ihm den Weg zu bereiten (s. Joh 1,23).

Isebel sorgte mit allen Kräften dafür, dass Baal[20] die Gottheit im Volk wird, nicht JHWH oder Jahwe, oder wie auch immer „der gute Mann“ heißt. Baal sollte angenommen und angebetet werden; Baal, dieser Fliegengott, Virus oder wer auch immer! Ein Fliegengott! Ja, Baal ist ein Fliegengott!

Elia trat vor Ahab, im Zuge da er seine Berufung ergriff, und sprach: „Er lebt! Mein Gott lebt! Er, der Gott der Heerscharen, der Gott Israels, vor dem ich stehe, lebt! Lies dazu, was nachfolgend geschrieben steht: **Und Elia, der Tisbiter, von den Einwohnern Gileads, sprach zu Ahab: So wahr der HERR lebt, der Gott Israels, vor dessen Angesicht ich stehe, es soll in diesen Jahren weder Tau noch Regen fallen, es sei denn, dass ich es sage! (1 Kön 17,1b** SLT) Überlege nur einmal, wie mächtig dieser Elia ist! Entweder er überhebt sich, oder es ist wahr. Er sprach: *„Der Gott Israels, vor dessen Angesicht ich stehe“* und: *„Es soll in diesen Jahren weder Tau noch Regen fallen“*. Diese Worte sprach Elia auch. Hast du Autorität, sodass du im Namen des Herrn reden kannst und es dir möglich ist, kühn aufzutreten? Du solltest Autorität ergreifen, sonst bist du ein „Niemand". Feiglinge und Weichlinge werden das Reich Gottes nicht ererben (s. 1 Kor 6,9-11).

Auch ich erlebte das einmal, als wir ein Objekt in der Daimlerstraße 44, nahe Stuttgart Bad Cannstatt, anmieten wollten. Da war sogar der Stadtsenat zugegen! Ich wollte das „Gebäude der ehemaligen Druckerei der Cannstatter Zeitung" mieten. Im Gemeinderat wurde hin und her verhandelt. Dann trat die Stuttgarter Zeitung hinzu und fragte, wer wir denn eigentlich seien und warum wir hier ein Bethaus einrichten wollten. Ein Theater oder eine Kulturstätte wäre ihnen lieber und das böte sich geradezu an inmitten von Bad Cannstatt. Ich sagte: „Nein, wir beteten darüber und werden daraus ein Bethaus machen. Wir werden hier unsere Gottesdienste abhalten, predigen, eine Teestube einrichten u. v. m." Der Reporter nahm Kenntnis davon und entwarf einen Bericht. Nach etwa zwei Stunden rief er mich an und las ihn mir vor. Wie aus der Pistole geschossen erwiderte ich: „Diesen Bericht werden sie nicht bringen!"

Meine Frau war Beamtin. Sie sagte: „Weißt du, die Zeitung ist ‚die fünfte Macht im Staat'". Was darin gedruckt ist, wird getan mehr oder weniger. Ich teilte ihr das Folgende mit: „Ich sagte diesem Mann, dass er diesen Bericht nicht veröffentlichen werden wird." Am Morgen des darauffolgenden Tages wollte ich unbedingt diesen Bericht in der Stuttgarter Zeitung lesen, aber ich fand ihn nicht vor. Ich hatte diese Zeitung abonniert, aber sie erschien nicht, sie wurde mir nicht angeliefert, scheinbar ohne Grund. Bis heute erschien dieser Bericht nicht. Warum? Dieses Unternehmen streikte exakt solange, bis wir den Vertrag unterschrieben hatten!

Bis heute sind Christen dort versammelt! Als ich neulich diesen Ort aufsuchte, bemerkte ich, dass sich dort die „Zentrale des Blauen Kreuzes" befand. Das sind

Antialkoholiker in gemeinschaftlichem Wesen. Ja, bis heute sind sie da! Ich sprach: „Das werden Sie nicht bringen!“ Das fand vor vierzig Jahren statt. Der Vermieter sagte damals zu mir: „Herr Matutis, hier sind Sie so sicher wie in Abrahams Schoß!“ Wir sollten wissen, wes Kinder wir sind, wes Geist uns treibt und in wessen Auftrag wir arbeiten!

Und dann kam diese schreckliche Dürre, die dreieinhalb Jahre anhielt. Alles trocknete aus, verbrannte und verödete. Männer, Frauen, Kinder sowie das Wild verdurstete und Häuser brannten ab. Die Quellen versiegten mehr und mehr, trockneten aus und hörten auf zu fließen (s. 1 Kön 18,2b). Nichts entging dieser Plage. Weißt du, wenn der Herr eine Plage schickt, läuft gar nichts mehr. Da können die Leute anstellen, was sie wollen. Der Herr genehmigte es.

Wenn der Herr etwas zulässt, kann es niemand verhindern! Das gilt auch hierzulande für „Corona“, die SARS-CoV-2-Variante Alpha, Delta oder andere Mutanten, sprich Seuchen, die kursieren, von wem auch immer sie ins Land gebracht wurden, aus China oder anderen Gebieten. Herr Lauterbach[21] sagte über sich selbst: „Obwohl ich bisher schon zweimal geimpft bin, stecke ich mehr als tausend Male die Leute an! Ich bin infiziös!“ Was nützen denn die Impfungen! Es ist nur herausgeworfenes Geld!

Im Volk schwand jede Hoffnung, und auch hierzulande, wenn wir nur einmal zuhören, was die Leute berichten: „Jetzt kommt ein neuer Lockdown!“ und: „Wir können uns das gar nicht leisten!“ und auch: „So ist die wirtschaftliche Situation“. Aber es kommt noch viel schlimmer und bunter, sodass allen das Hören und Sehen vergehen wird! Das jüdische Volk darf nicht mehr nach Deutschland einreisen ohne zuvor in die Quarantäne zu müssen! Die Bewohner Israels sind bereits zweimal geimpft, manche sogar dreimal. Da spielt man nämlich nur ein frommes Theater! Der

Herr zwingt die Leute auf die Knie, ob sie wollen oder nicht, ob sie glauben oder nicht.

Auf Gottes Zusage, Kommando und Befehl verließ Elia das Nordreich und ließ sich am Bach Krit nieder. Der Herr sprach, was nachfolgend geschrieben steht: **Geh weg von hier und wende dich nach Osten und verbirg dich am Bach Krit, der zum Jordan fließt. Und du sollst aus dem Bach trinken, und ich habe den Raben geboten, dass sie dich dort versorgen sollen (1 Kön 17,3f.).** Es heißt nicht *den* Raben, sondern *dem* Raben, laut meiner Bibelversion, also im Singular. Und ich dachte bei mir selbst: „Sieh nur, du wirst nur dann versorgt, wenn du an dem Platz bist, an dem dich der Herr haben will, nämlich dort, wo Gott dich unterbringt, wo Er dich „in Quarantäne" schickt und „einschließt" bzw. verbirgt. Nur dort wurde Elia versorgt, und das solange, bis die Geschichte weiterging und er fortzog zu der Witwe nach Sarepta[22].

Der König fand ihn nicht (s. 1 Kön 18,10). Wenn Gott einen Menschen verbirgt, ist „die Tür verschlossen". Man findet ihn nicht, was auch immer man tut. Die Tür ist verschlossen. Der Rabe war ein Engel des Herrn. „Der Rabe" wird dich versorgen. Er wird dir jedes Mal frisches Fleisch bringen, und was auch immer du benötigst, um zu überleben. Und so empfing er seine Belohnung, weil er dem Herrn treu war (s. 1 Kön 17,5). Achtzehn Monate saß er am Bach, meditierte, ruhte sich aus für den nahenden Kampf. Bald wird er auf den Karmel treten und verkündigen: „Bald wird es regnen. Ahab, spann dein Ross, der Regen fällt." Du siehst also, er verbirgt sich ganz in aller Ruhe.

Die Ankunft Elias bei der Witwe in Sarepta ist auch eine derartige Geschichte. Dorthin gelangte er genau im richtigen Moment. Stell dir nur einmal vor, er wäre einen Tag später angereist! Da wären diese Witwe und ihr Sohn bereits verstorben! Sie wollten ja ihre letzte Mahlzeit zubereiten und essen (s. 1 Kön 17,12). Es passierte exakt zur rechten Zeit. Die eine Versorgungsquelle versiegt, dort hört der Segen auf. Nun kommt der Engel bzw. der schwarze Rabe immer seltener. Das Wasser rinnt und tröpfelt nur noch aus dem Bächlein. Nun geht es mit ihm weiter, so, wie nachfolgend geschrieben steht: **Da kam das Wort des HERRN zu ihm: Mach dich auf und geh nach Sarepta, das zu Sidon gehört, und bleibe dort; denn ich habe dort einer Witwe geboten, dass sie dich versorge (1 Kön 17,8f.).** Der Herr gibt vor, wo wir uns verstecken sollen, wo wir untertauchen sollen, wohin wir „in den Untergrund abtauchen" sollen. Der Herr zeigt es! Wir Christen werden früher oder später in den Untergrund gehen, auch hier in Deutschland. Die Russen haben das bereits absolviert, aber der ganze Westen blieb bis heute davon verschont.

Du musst lernen, in den Untergrund zu gehen als eine ungeimpfte Person. Du musst wissen, was du machst, wenn du „weder kaufen noch verkaufen" kannst (s. Offb 13,17a), wenn du die Sportstätten nicht mehr nutzen und das Kino oder andere Kulturstätten nicht mehr besuchen darfst! Sogar die Gemeindetür sollte als vorgefasster Beschluss verschlossen bleiben! Doch das setzte Frau Merkel nicht durch. Dieser Beschluss wurde vorerst rückgängig gemacht. Aber sie wollen den Ungeimpften den Gottesdienst vorenthalten, sodass nur noch Geimpfte daran teilnehmen sollten, d. h., nicht nur denjenigen, die getestet sind, wird Eintritt gewährt, sondern ausschließlich den Geimpften. Im Himmel wird es viele Ungeimpfte geben, glaubt mir das. Die ganze Impfkampagne ist nur ein einziges Schauspiel!, in aller Liebe, glaubt was ihr wollt.

Der Prophet ging zu ihr hin. Er verbarg sich. Der Herr segnete das Öl und das Mehl dieser alleingelassenen Frau (s. 1 Kön 17,14-16). Es brauchte sich achtzehn Monate lang nicht auf, sodass die Nachbarin sich gefragt haben muss: „Was geht bei dieser

Witwe eigentlich vor? Sie backt jeden Tag Kuchen. Anscheinend hat sie einen Mann gefunden, mit dem sie ein Techtelmechtel hat. Selbst die gottesfürchtige Witwe kam durch diesen Propheten in Verruf. Man sprach: „Das ist der Mann, der zu ihr ein- und ausgeht. Was ist das für ein Typ?"

Elia wohnte im Haus der Witwe. Nach einer gewissen Zeit starb ihr Sohn (s. 1 Kön 17,17). Elia erweckte ihn (s. 1 Kön 17,21f.). Im Hause der Witwe wurden noch weitere Wunder vollzogen. Und dann später trat der Gerichtsvollzieher noch zum Vorschein, zwar in einer anderen Geschichte, bei Elisa, aber in einer ähnlichen Form. Der Herr lässt Wunder geschehen. Wenn wir Gott vertrauen, „hört das Öl nicht mehr zu fließen auf", sodass du sogar noch deine Schulden bezahlen kannst. Elia warf sich auf den Jungen und gebot: „Atme! Seele, kehre wieder ein. Du bist noch viel zu jung an Jahren, um zu sterben!" (Siehe 1 Kön 17,17-22)

Nach dreieinhalb Jahren war die Bevölkerung an den Folgen der Dürre beinahe ausgestorben. Der Herr wollte diese Katastrophe nicht, weißt du? Er hätte sie gerne verhindert! Der Herr will uns keinen Schaden zufügen! Er wollte dieses Unheil nicht! Er ist ein guter Vater, ein Gott der Liebe, des Lebens und des Friedens. Doch wenn Menschen wider den Herrn rebellieren und Ihn abschreiben nach dem Motto: *„Ohne Gott und Sonnenschein bringen wir die Ernte ein!"*, wie man zu DDR-Zeiten ausrief, verhindert es der himmlische Vater nicht. Was wurde aus der DDR und aus sämtlichen Machenschaften dieses Volkes?

Unbußfertige Menschen richten große Schäden an! Betrachte es. Da hilft alles jammern, heulen und klagen nichts. Ungläubige Menschen bringen das Unglück über unser Volk. Sie haben nur noch den Materialismus, d. h. „den Baal", im Sinn, und „tanzen um das goldene Kalb". (Siehe 2 Mose 32,6b.8b)

Nach dreieinhalb Jahren kam der Tag X, an dem sich Elia Ahab offenbarte. Zuvor begegnete er unterwegs Obadja[23] (s. 1 Kön 18,7a). Als Innenminister aus dem königlichen Geschlecht war er für die Versorgung der Pferde zuständig, sammelte Heu u. v. m. Elia sprach zu Obadja Folgendes: „Geh zu Ahab und sage: „Guten Tag! Elia ist wieder im Lande (s. 1 Kön 18,8). Er möchte dich morgen sprechen", und: „Wir treffen uns auf dem Karmel." (Siehe 1 Kön 18,19) Also, auf dem Gebirge oberhalb des Landes sollte dieser Treffpunkt sein. Von dort übersah man Land und Meer. Karmel ist die höchste Stelle des Gelobten Landes. Und weiter sprach er: „Wir wollen uns dort treffen und sicherstellen, dass die Baalspriester nicht würdig sind vor dem Herrn, und, dass sie in Kürze ermordet werden! Isebel soll sehen, dass ihre Propheten nicht würdig vor Gott stehen, dass sie sich ritzen, schreien und Krach machen, aber nichts dahinter ist. Erkennst du hier etwas? Ritzen ist dasselbe wie spritzen. Betrachte die heutige politische Lage! Da ist nichts dahinter! Der Tag der Offenbarung kommt!

Es steht geschrieben: **Da trat Elia zu allem Volk und sprach: Wie lange hinkt ihr auf beiden Seiten? Ist der HERR Gott, so wandelt ihm nach, ist's aber Baal, so wandelt ihm nach. Und das Volk antwortete ihm nichts (1 Kön 18,21).** Sie hatten also die Wahl, sich für den Herrn oder für Satan zu entscheiden. Wir haben diese Wahl auch heute, gleich Josua[24], der ausrief: „Ich und mein Haus, wir wollen dem Herrn dienen." (Siehe Jos 24,15b) Erkenne: Du sollst nicht für die anderen sprechen, sondern ausschließlich für dich. Du musst auch keinen Klassensprecher vorschicken. Auch die Politiker stehen vor der Wahl, und zwar nicht erst im September, wenn die Wahlen stattfinden. Wir sollten die falschen Politiker aus dem Amt jagen und sie radikal abwählen. „Wahltag", sagte mein Vater immer, „ist Zahltag."

Elia ließ die Baalspropheten alle aufmarschieren und rief: „Baut ihr zuerst (s. 1 Kön

18,25a). Ihr seid mir überlegen an Zahl. Wir machen es in demokratischer Form. Ihr baut zuerst den Altar, und hernach will ich den Altar bauen." Und so war es dann auch. Sie bauten ihre Altäre solange, bis die Sonne im Zenit stand. Und sie beteten, brüllten und schrien: „Groß ist Baal! Groß ist Baal!" Doch seine Größe erwies sich nicht (s. 1 Kön 18,26). Sie waren in der Mehrzahl, aber die Mehrzahl bewirkte nichts! Demokratie bewirkt nichts! Das teile ich euch in aller Liebe mit!

Sie riefen den ganzen Tag mit lauter Stimme. Sie gerieten in Raserei und ritzten sich blutig (s. 1 Kön 18,28). Doch ihr Gott antwortete nicht (s. 1 Kön 18,29b). Dann griff Elia ein, denn der Abend brach an. Er sprach: „Ich erledige das!" und baute den Altar so, wie es der Herr gebot. Wie baut man einen Altar? Elia brachte das Opfer so, wie der Herr es befahl, und rief Seinen Namen an. Sein Gebet bestand, laut meiner Übersetzungsversion, aus 54 Worten. Verstehst du? Es wurde kein langes Gebet vollzogen. Elia machte kein großes Geschrei. Weder machte er Tamtam noch spielte er Theater. Er sprach nur ein einfaches Gebet. Was passierte? Es fiel Feuer vom Himmel, welches die Steine zersetzte und verzehrte (s. 1 Kön 18,38). Und vorsorglich erledigte Elia noch etwas, bevor er anhob zum Gebet. Das tat er, damit die Baalspriester nicht „so klug" reden. Überall gibt es solche Pharisäer und Schriftgelehrten, die Worte verkünden wie: „Aufgrund der großen Hitze entzündeten sich die Steine von selbst". Also bewässerte Elia die Altarsteine, damit niemand danach behaupten konnte, dass sich die Steine von selbst entzündet hätten (s. 1 Kön 18,34f.). Weißt du, ich muss dem Herrn nicht nachhelfen und sagen: „Das entzündete sich von selbst!" oder: „Fühlst du dich besser? Bewege mal den Arm oder das Bein". Nein! Wenn es durch den Herrn geschieht, ist es getan! Die Steine wurden verzehrt! Solch ein Feuer entbrannte vom Himmel her.

Wo ist der Gott der Politiker? Wo ist der Gott der CDU und der CSU? Sie sollen den Buchstaben „C" entfernen! Sie sollen den Namen des Herrn nicht missbrauchen! Das sollen Christen sein? Christen sollten anders aussehen, anders wandeln vor Gott, sich anders benehmen und anders leben.

Elia baute einen einfachen Alter. Er richtete ihn mit Holzspänen an und überließ alles dem Herrn (s. 1 Kön 18,31-33). Er soll dieses Opfer annehmen. Wenn der Herr lebt, wenn Er lebendig ist, wird Er das Opfer annehmen, und wenn er ein toter Götze ist, dann vergiss es! Da musst du Ihm nicht dienen, dich nicht einmal des Hutes entledigen! Das Feuer fiel! Der Gott, der mit Feuer antwortet, ist der wahre Gott. Halleluja! Preis dem Herrn! Das Opfertier wurde verzehrt! Holz und Wasser wurden so verschlungen, wie es nachfolgend geschrieben steht: **Da fiel das Feuer des HERRN herab und fraß Brandopfer, Holz, Steine und Erde und leckte das Wasser auf im Graben. Als das alles Volk sah, fielen sie auf ihr Angesicht und sprachen: Der HERR ist Gott, der HERR ist Gott! (1 Kön 18,38f.)**

Die Autonomie Gottes wurde auf dem Karmel wiederhergestellt! Alle Baalspriester wurden getötet und der Regen kam. Das Klima veränderte sich (s. 1 Kön 18,44).

Betrachte die törichten Leute hierzulande, die das Klima verändern wollen. Das Klima wird von der Sonne bestimmt, weder von irgendeinem CO2-Ausstoß noch von den Ausscheidungen einer Kuh oder eines Ochsen. Das glaubt die Partei der Grünen! Deshalb wollen sie auch die Kühe abschaffen! Das Vieh stößt sehr viel CO2 aus. Doch die Leute werden törichter, törichter und törichter. Sie wollen das Klima abschaffen. Das vermag keiner. Es gab Eiszeiten und Wärmezeiten. Grönland, zum Beispiel, hieß eine Zeit lang Grünland, weil der Golfstrom vorbeifloss. Island hieß Eisland, verstehst du? Und dann änderte sich der Golfstrom, und plötzlich wurde aus Grönland Grünland bzw. aus Eiszeit Wärmezeit, weil sich der Golfstrom veränderte mit den Winden. Die Sonneneinwirkung verändert sich. Demnach wirkt sich das auf das Klima aus und nicht auf unsere Fabriken. Hierzulande wollen sie das Klima verändern, aber die Chinesen bauen weiter Kohlekraftwerke in Indien und anderenorts, und wir Deutschen finanzieren es! Bei uns wollen sie die Kohlekraftwerke abschaffen! Das teile ich euch in aller Liebe mit. Weißt du, die Baalspriester taugen nichts!

Elia wurde, nachdem die Baalspriester abgeschlachtet waren, von Isebel bedroht. Weil sie nichts nützten, schlachtete das Volk sie ab. Die meisten Leute werden belogen und betrogen in dieser Welt. Denke an den König, der sich Kleider zulegte, die unsichtbar machten. „Des Kaisers neue Kleider", du kennst ja dieses Märchen. Er ging und glaubte, dass er unsichtbar wäre. Doch ein kleiner Junge rief: „Schau mal, dieser Mann ist nackt!" Er bildete sich nur etwas ein! Alle Leute sagten zu ihm: „Ja, König, seine Eminenz ist unsichtbar." Dabei war er halb nackt. Darin ist eine große Wahrheit enthalten, so wie in vielen anderen Märchen. Denke darüber nach. Von wegen: „Wir müssen das Klima verändern!"

Elia wird bedroht. Isebel ist ein Dämon, ein Geist. Sie will an Elia Rache nehmen. Die Priester hatten diesen Geist. Es nützt nichts. Selbst wenn die Priester ausgerottet sind, den Geist – diesen Dämon bzw. Satan – kann man nicht töten. Er lebt weiter. Er lebt und entfaltet sich in der „Isebel" weiter.

Elia floh aus dem Land nach Beerscheba (s. 1 Kön 19,3). Er suchte dort Zuflucht und wollte sich verbergen. Er war erschöpft und wusste nicht mehr weiter. Im Schatten eines Wacholderbaumes, ein Friedhofsbaum, legte er sich zur Rast: „Herr schau, dieser Baum ist groß genug. Hier könnte mein Grab sein. Ach, lass mich sterben. Ich bin nicht besser als meine Vorfahren." Er bat den Herrn um seinen Tod (s. 1 Kön 19,4-5a).

Ich weiß nicht, wie es dir geht, wenn du resignierst. Elia gab auf. Doch der Herr ließ Seinen Diener nicht im Stich. Ein Engel besuchte ihn. Dieses Mal war es kein Rabe. Ein Engel des Herrn erschien, brachte ihm einen Brotfladen und einen Krug Wasser. Dann sprach er: „Elia, stärke dich!“ (Siehe 1 Kön 19,5b-6)

Der Herr sieht, wenn du schwach bist, wenn du versagst, wenn du resignierst, wenn du frustriert oder depressiv bist. Der Herr sieht es und schickt Seinen Engel. Du musst nur den Engel erkennen. Das kann eine Taube sein oder ein Rabe. Wahrscheinlich eher das Letztere, denn der Herr benützt das, was nichts ist, um zunichte zu machen, was etwas in der Welt ist (s. 1 Kor 1,28). Dieser Engel sprach zu Elia: „Hier ist frisches Wasser. Stärke dich.“ Elia nahm es dankbar an. Der Engel sprach: „Du hast noch eine Aufgabe zu erfüllen. Du bist noch nicht fertig. Stärke dich mit diesem göttlichen Beistand, denn du musst noch vierzig Tage und vierzig Nächte zum Gottesberg Horeb schreiten!“ (Siehe 1 Kön 19,7) Der Herr erschien ihm auf diesem Berg. Elia wollte Ihm begegnen. Er sagte zu sich selbst: „Das ist noch nicht alles.“ Und unterwegs hatte er noch viel zu tun. Er erledigte dabei noch Arbeit, salbte Elisa, seinen Nachfolger, Jehu[25], einen Feld- und Kriegsherren, und Hasael[26], den König von Syrien. Er tat drei Aufgaben. Diese drei Männer erledigten dann die Arbeit an Isebel (s. 1 Kön 19,15-17).

Hör zu! Jehu, der Kriegsherr, zieht jetzt in die Stadt Samaria ein. Er sieht Isebel, die ihre schönsten Gewänder angelegt hat. Sie dachte sich: „Wenn ich schon sterbe, dann in Schönheit mit Glanz und Gloria!“ Sie schaute gerade aus dem Fenster, als Jehu befahl: „Werft dieses Weib auf die Straße hinab!“ Man stieß sie hinab und die Hunde – so wie Elia es prophezeite – leckten ihr Blut (s. 2 Kön 9,30ff.). Bei Ahab verhielt es sich auch so. Er starb, als er den Wagen versah (s. 1 Kön 22,34f.).

Elia tat, was der Herr ihm befahl. Doch bevor es so weit ist und du auftrittst wie Elia, also, dass du Elisa salbst, dass du Jehu salbst, dass du Hasael salbst, musst du zuvor eine Begegnung mit dem Herrn gehabt haben, und zwar eine größere Begegnung als die, ein bisschen Wasser und Brot verzehrt zu haben.

Elia ging nicht gleich weiter zum Berg Horeb. Nachdem er sich gestärkt hatte, legte er sich wieder in eine schattige Nische, in der er sich gut bewahrt wusste. In der Nacht, da er schlief, begegnete ihm abermals der Herr und sprach: „Elia, was ist mit dir? Du sollst zum Berg Horeb gehen. Auf dich wartet Arbeit.“ Und er sprach: „Herr, mit Leidenschaft kämpfte und eiferte ich für Dein Reich und für Deine Sache, o Gott der Heerscharen. Doch was ist? Die Israeliten verließen Deine Sache, zerstörten Deine Altäre und erlegten die Propheten mit dem Schwert. Ich blieb allein übrig, Heiland. Was soll ich jetzt noch in dieser Welt?“ (Siehe 1 Kön 19,9f.)

Er sprach: „Ich blieb allein übrig!“ Ich will dir eine Botschaft bringen. Weißt du, wie der Herr den Menschen begegnet, wie der Herr die Menschen berührt? Du glaubst vielleicht, dass du ganz allein übrigbliebst, der einzige Heilige in Berlin, in der Gemeinde oder in der Familie bist. Weißt du, was der Herr spricht? Das sprach Obadja auch. „Ich habe noch siebentausend, die ihre Knie nicht gebeugt haben.“ (Siehe 1 Kön 19,18) 7000! 7 ist die Zahl Gottes. Der Herr ließ 7 mal eintausend Männer und Frauen übrig, die ihre Knie vor Baal nicht beugten. Glaube doch nicht, dass du allein bist! „Nimm dich nicht so wichtig“, war gestern meine Botschaft. „Ich blieb allein übrig. O Herr, wenn ich nicht wäre, wer öffnete dann die Tür? Wer stritte für den Herrn? Wer lobte und pries den Herrn? Wer betete zu Gott? Wer, außer mir?“

Der Herr antwortete ihm und sprach: „Elia, tritt aus der Höhle hervor. Stell dich vor diesen Berg und sieh, wie ich vorüberziehe." (Siehe 1 Kön 19,11a-b) Elia sollte nun feststellen, wo sich der Herr befand. Zuerst traten Donner und Blitz zutage. Doch der Herr war weder im Donner noch im Blitz. Viele glauben, wenn der Herr nur so richtig auftreten könnte! O ja!, im Erdbeben ist der Herr gewiss zugegen. Nein! Der Herr ist nicht im Erdbeben. Er ist auch nicht im Feuer, im Donner oder im Blitz. Danach brach ein großer Sturm herein. Der Herr war auch nicht im Sturm. Da passierte einiges, doch der Herr war nicht da. Die Felsen zerbarsten, doch der Herr war nicht da. Viele Leute glauben, dass der Herr in Krisen und Katastrophen ist. Nein! Der Herr zieht sich zurück! Lass es geschehen. Aber weißt du, wo der Herr war? Im stillen Säuseln. Der Herr ist in der Stille. Dort, wo nichts passiert, ist der Herr gegenwärtig. Er hielt sich nicht im Beben, nicht im Feuer, nicht im Donner und Blitz auf, sondern in einem sanften, stillen Hauch. Da verhüllte Elia sein Angesicht und sprach: „Herr, Du bist gegenwärtig!" (Siehe 1 Kön 19,11c-13a)

Erlebe die Gegenwart des Herrn in der Stille, nicht im Rummel, in der Betriebsamkeit oder im Jahrmarkt, auch nicht in einem fromm-religiösen Jahrmarkt, wo Zeichen und Wunder geschehen. Nein! Der Herr ist sanft. Er ist in der Stille zu Hause. Verstehst du, was ich meine? „Ihr sollt stille sein und ich will für euch streiten", sprach der Herr einmal zu dem Volk Israel (s. 2 Mose 14,14). Der Herr offenbarte Elia, dass Er irgendwo noch eintausend Mann hat, die stille sind. Das sind „die Stillen im Lande". Geschwister bedenkt: Die Stillen im Lande sind so wichtig! In Wittenberg gab es die Pietisten. Das waren diese Stillen, die dem Herrn im Verborgenen wie nebenbei dienten. Sie sind wichtig! Wer hätte Jesus vom Kreuz genommen, wenn es nicht die Stillen im Lande gewesen wären? Nikodemus[27] und Josef von Arimathäa[28] waren unscheinbare Christen, die Jesus im Stillen nachfolgten. Des Nachts kam Nikodemus zum Heiland (s. Joh 3,1-2a). Diese Stillen haben Jesus vom Kreuz abgenommen! Es waren nicht diese, die laut bekannten: „Wir werden für Dich streiten, selbst wenn wir sterben müssten!" Nein! Es waren die Stillen, die kaum in Erscheinung traten. Deren

Name nicht etwa irgendwo in der Zeitung oder in irgendeiner Agenda stand (s. dazu auch Ps 35,20).

Der Herr tritt durch Menschen hervor, die nichts sind, die unscheinbar ihre Arbeit verrichten. Nikodemus und Josef von Arimathäa waren in der Politik unscheinbar und still. Sie dienten dem Herrn auf ihre Art. Diene dem Herrn auf deine Art! Dann wird dir der Herr einen Auftrag geben, gleich diesem, siehe hier: „Nimm Jesus vom Kreuz ab!"

Elia musste nun einen Nachfolger bestimmen, einen Propheten. Bei diesem Nachfolger fand auch etwas Kompliziertes statt. Elisa bat um Folgendes: „Herr, ich möchte das Doppelte an Fähigkeiten, an Kräften und an Glauben von dem haben, was Elia hat. Gib mir das doppelte Maß. Er wollte doppelt so viele Wunder wirken wie Elia (s. 2 Kön 2,9b). Und Elia sprach: „Du erbatest Schweres. Doch wirst du sehen, wie ich in den Himmel aufsteige, also wenn du ‚meine Himmelfahrt' erlebst, soll es dir zuteilwerden." (Siehe 2 Kön 2,10)

Im Leben von Elisa ging es im Zickzack zuerst nach Bethel, dann nach Jericho und dann zum Jordan. Es ging im Zickzack voran. Elia sprach: „Wenn du siehst, wie ich in den Himmel aufsteige und der feurige Wagen erscheint" – eine Rakete, ein Ufo oder was auch immer es war – „und mich abholt" usw. Dann rief Elisa: „Mein Herr!", und der Mantel von Elia glitt hinab (s. 2 Kön 2,12f.). „Mantel" ist ein Bild auf „Berufung". Immer dann, wenn wir in der Bibel von einem Mantel lesen, steht das mit irgendeiner Berufung im Zusammenhang.

Der Mantel fiel auf Elisa und dieser wurde sein Jünger und Nachfolger. Und tatsächlich führte er doppelt so viele Wunder aus wie Elia. Jedenfalls beinahe, denn als Elisa starb, hatte er 39 Wunder vollzogen. Die doppelte Zahl wäre 40 gewesen. Da fragt man sich: „Wo sind denn nun eigentlich die doppelten Wunder?“ Wo ist das vierzigste Wunder im Leben Elisas? Nur neununddreißig Wunder! Und auch wir denken manchmal: „Wo sind die Wunder, die der Herr versprach?“ Du ranntest im Zickzack, gleich Elisa, von rechts nach links, von hinten nach vorn, erfuhrst Leid u. v. m., und du fragst: „Herr, wo sind jetzt die Wunder?“ Betrachte: Elisa liegt nun im Grab, und während einer Schlacht wird ein Soldat getötet. Den Leuten gelingt es in der Eile des Gefechtes nicht, ihn richtig zu bestatten. Deshalb werfen sie ihn in sein Grab hinein. In dem Moment, da der gefallene Soldat die Gebeine Elisas berührt, springt er aus dem Grab und aufersteht! Ja, wenn Menschen die Gebeine der Heiligen berühren, springen sie auf (s. 2 Kön 13,21). Genau das war das letzte Wunder im Leben Elisas! Genieße deine Biografie, genieße das, was du tust!

Damals waren wir begeistert. Wir waren in England, Birmingham, und mitten auf der Straße waren Menschen versammelt. Ich dachte mir: „Das wird eine christliche Versammlung sein“ und stellte mich dazu. Ich vernahm, was die Leute aus einem Buch lasen: „Herr, sieh, Georg Müller[29] wirkte hier. In diesem Hause betreute und versorgte er tausende von Waisenkindern im Glauben. Und er sprach immer wieder die Worte aus: ‚Der Herr enttäuscht uns nicht! Der Herr ist treu! Der Herr ist wahrhaftig!‘ Also, Herr, gib uns wieder diesen Glauben von Georg Müller!“ Das teilte er mit, obwohl Georg Müller längst verstorben war! Diese Gruppe wollte „die Gebeine des Georg Müller berühren“. „Gib uns den Glauben von Georg Müller!“ Und ich ließ mir die Adresse von denen geben, die in Schottland, Glasgow, Ähnliches vollzogen. Sie sagten: „An dieser Stätte waren wir auch. Dort wirkte John Knox[30], der ein großer Erweckungsprediger war!“ Wenn er betete, zitterte Maria Stuart[31]. Verstehst du? Eine solche Persönlichkeit war er! Vor keinem König zog er den Hut und verneigte sich. Er marschierte geradewegs. In Glasgow sah ich die Fans wieder. Sie standen gruppiert und beteten. Ich teilte ihnen mit, dass ich in Birmingham ihre

Freunde traf. Sie sagten: „Ja, da waren wir auch." In Glasgow verhielten sie sich gleich. Sie lasen die Geschichten über John Knox und sein Leben vor, was er tat, wie er wirkte, was sein Leben ausmachte u. v. m. Sie riefen aus: „Gib uns den Glauben von John Knox, damit wir auch mit einer solchen Wucht beten, dass die Wände des Parlaments ins Wanken geraten und die Politiker erzittern! Herr, gib uns einen solchen Glauben!" Wir sind noch nicht fertig, ihr Lieben!

Elisa wurde von Elia gesalbt. Der Auftrag setzte sich fort. Es erfüllte sich genau das, was er erbeten und getan hatte. Er wirkte viele Wunder. Eine der wichtigsten Verse ist der, da Elia auf dem Berg der Verklärung weilt (s. Mt 17,3). Wir sehen Elia wieder! Es erscheinen Mose und Elia im Gelobten Land auf dem Karmel, total anders! Sie unterhalten sich über den Ausgang der Dinge und über alles, was zukünftig stattfinden wird. Elia tat seine Mission im völligen Vertrauen zum Herrn. Gott belohnte ihn mit der Ewigkeit! Beinahe eintausend Jahre darauf erscheint er mit Jesus auf dem Berg Karmel, der auch „Berg Tabor" genannt wird.

Er hatte keine hohe Stellung, sondern war ein einfacher Bürger aus dem Gebirge Gilead, aber er hatte den Glauben an einen großen Gott. Das ist das Wichtigste! Wir Menschen müssen den Glauben an einen großen himmlischen Vater haben! Er „öffnet und verschließt den Himmel"! Er lässt „Feuer vom Himmel fallen"! Er kann alles! Nichts ist Ihm unmöglich! Er kannte die Macht des Glaubens, die Macht des Wortes: „Es sei denn, ich sage es!" Elia glaubte nicht nur an den Herrn, sondern auch an sich selbst. „Es sei denn, ich sage es!"

Es ist so wichtig, dass wir auch an uns selbst glauben, nicht nur an den Herrgott, nicht nur an Jesus und nicht nur an das Wort des Herrn. Viele Menschen glauben an die Bibel. Sie glauben an Jesus, aber nicht an sich selbst. Auch du bist wichtig! Morgen werde ich darüber verkündigen, wie wichtig wir Menschen für Gott sind. Wir haben eine Beziehung zum Herrn, zu Gottvater, zu Gott Sohn und zu Gott Heiliger Geist! Wir haben zu der Trinität Gottes eine Beziehung. Unsere Gemeinschaft mit dem Herrn ist das Größte. Das haben die anderen nicht.

Das Leben und die Arbeit Elias war Reformation: „Zurück zum Herrn!" Es war Arbeit, um das Volk zurückzuführen! Israel war tief gesunken. Das Volk vergaß den Herrn, obwohl Gott so viel für sie getan hatte! Er schenkte Könige, erweckte Propheten wie Mose[32] und bewirkte so viele Wohltaten, doch das Volk vergaß alles. Der Herr sah den Unglauben der Nation. Martin Luther[33] sprach eine Prophezeiung. Kaum einer weiß, dass Martin Luther auch ein Prophet war, nicht nur ein Bibelübersetzer. Diese Prophezeiung lautet wie folgt: *„Wenn das Volk Gottes"* – also das Volk hierzulande – *„die Bibel vernachlässigt und sie nicht mehr ernst nimmt"* – sich nicht mehr an den Herrn hält und Götzen nachläuft – *„wird der Tag kommen, an dem man sagen wird, dass hier einmal Deutschland war."* Wenn wir den Herrn verlassen, wird der Herr Deutschland verlassen. Deshalb ist es so wichtig, dass wir gerade jetzt, zur Zeit, da die Wahlen stattfinden, beten: „Herr, lass die richtigen Leute in die richtige Position gelangen, wenn ich schon nicht kandidiere!" Erwecke Männer und Frauen wie Elia und Elisa, wie Jehu und Hasael.

Er sah den Unglauben der Nationen, der vom Herrn trennt. Er sah die Satanisten. Isebel war die größte Satanistin. Sie provozierte Gott und forderte Ihn heraus (s. 1 Kön 18,4a). Die Baalspriester dachten: „Wir machen das Wetter!" Denn Baal war gleichzeitig ein Wettergott. Im Pergamonmuseum sind einige Götzen und „Götter" errichtet. Bei den meisten dieser Statuen sind entweder Hände und Nase abgeschlagen oder das Gesicht ist ramponiert. Warum? Die ganzen Wettergötter taugten nichts, gleich der Baalspriester. Der Herr ist für Seine Schöpfung zuständig, nicht das törichte Volk. Man opferte diesem Wettergott alles Mögliche.

Elia spricht: „Es wird weder Regen noch Tau fallen.“ Die Baalspriester können tun, was sie wollen. Selbst dann, wenn sie den Himmel bestürmen, wird nichts passieren. Die Partei der Grünen kann veranstalten, was sie will, es nützt ihr nichts. Ihre ganze Wetterpolitik nebst der Finanzauslagen nützt nichts! Sie werden das Wetter nicht retten, und zwar deshalb nicht, weil der Herr das Wetter bestimmt. Gott lässt sich nicht spotten (s. Gal 6,7b).

Elia sprach im Auftrag Gottes das Wort des Herrn aus, das nachfolgend geschrieben steht: Und Elia, der Tisbiter, von den Einwohnern Gileads, sprach zu Ahab: So wahr der HERR lebt, der Gott Israels, vor dessen Angesicht ich stehe, es soll in diesen Jahren weder Tau noch Regen fallen, es sei denn, dass ich es sage! (1 Kön 17,1 SLT) Er glaubt an das unfehlbare Wort des Herrn, an das gesprochene und durch den Heiligen Geist verkündete Rhemawort. Er glaubt ganz fest daran. Er demütigt sich. Er spricht: „Ich bin nichts, aber im Auftrag Gottes bin ich hier. Und das nicht, weil ich den Wunsch habe Isebel zu ärgern, sondern, um das Wort Gottes zu verkündigen.“ Elia erfüllte den Auftrag des Herrn. Er verschwand wie ein Blitz, nachdem das vollzogen wurde.

Er tauchte unter. Ihm wurde befohlen: „Verbirg dich! Zeig dich nicht. Mach dich solange nicht bemerkbar, bis ich es dir sage!“ Wir müssen immer auf die Stunde Gottes warten. Der Herr legt die Zeit fest, wann du auf- und abtreten sollst. Es ist Seine Zeit. Der Prophet gehorchte und verbarg sich.

Isebel war verärgert, dass der Prophet nirgendwo zu finden war. Die Baalspriester bzw. die Wetterpropheten waren machtlos. Sie konnten weder Regen noch Tau zaubern. Nichts von dem fand statt. Das war „Baal, der Wetterprophet“. Die gesamte

Vegetation verdorrte. Der Grundwasserspiegel sank, die Bäche trockneten aus und Baal vermochte nicht zu helfen. Alle frommen Sprüche der Isebel, das ganze positive Denken nützte und half nichts! Was sie auch tat, sie schaffte es nicht. Die Baalspriester kamen Tag und Nacht, um Gebete abzuhalten und Opfergaben zu bringen. Auch wenn sie zum Himmel schrien, Gottes Zorn konnte nicht beschwichtigt werden. Doch ein gutes, vernünftiges, dem Herrn wohlgefälliges Opfer – was ist das? Es ist ganz einfach und schlicht! Das Feuer verbrannte vom Himmel her.

Du siehst, was in Israel passierte: Sämtliche Haine, die der Götzenanbetung gewidmet waren, waren plötzlich kahl und blattlos. Waldbäume starben! Hager wie Skelette der Natur stehen manche Bäume, wenn du die Natur betrachtest, wo der Borkenkäfer durchging. Die Luft ist trocken und stickig. Staub und Stürme tun ihr Übriges. Sie stocken den Atem. Einst wohlhabende Städte und Dörfer verfielen in Trauer. Die Tiere blöken. „Isebel" will das Klima retten, doch sie vermag es nicht, weil nur Gott „der Herr des Klimas" ist. Der Herr hat die Winde unter Kontrolle. Der Herr hat den Golfstrom u. a. in der Hand. Er kontrolliert alles. Er erweist Seine Macht und denkt: „Macht was ihr wollt. Ihr werdet euer Lehrgeld bezahlen müssen. Ihr richtet euch selbst zugrunde." Das tun sie, anstatt sich zu beugen und zu sagen: „Geschwister, lasst uns um Regen bitten!" Stellt euch nur einmal vor, was passieren würde, wenn die Kirchen beginnen würden, Gebetsgottesdienste anzuberaumen, wie folgt: „Wir wollen in unserem Dom bzw. in unserer Kathedrale, Kirche oder Kapelle den Herrn um Regen bitten." Plötzlich würde der Regen fallen! Da brauchst du nicht durch CO2-Ausstoß etwas zu unternehmen, was die Leute in den Ruin treibt!

Lass dich von der Regierung nicht unter Druck setzen! Nimm nichts ungeprüft und unwidersprochen hin. Beuge dich einfach vor dem Herrn und sprich das folgende Gebet: „Herr, ich und mein Haus, wir dienen Dir. Wir glauben nicht den Lügen, sondern wir vertrauen Dir. Wir wissen, Herr, Du wirst nicht scheitern, Amen." Bisher sind alle gescheitert. Studiere einmal die Geschichte. Studiere einmal die großen Herren und Herrschaften. Jeder bekam sein „Waterloo“ wie einst Napoleon[34]. Dort erlebte er seine große Niederlage, oder in Stalingrad oder Moskau; ja, jeder!

Der Herr sprach: „Ich habe noch Leute, die ihre Knie nicht gebeugt haben.“ Diese beten weiter und vertrauen dem Herrn. Gott wollte damals wie heute Menschen von der Täuschung befreien, also von der äußerlichen Täuschung der Mächtigen. Er stößt die Mächtigen von ihren Thronen und das Niedrige erhöht Er. Für den Herrn ist es kein Vergnügen, zu sehen, wie Menschen leiden. Er will sie aus ihrem Leid und Elend befreien.

Für das angeschlagene Israel gibt es nur ein Heilmittel: Zurück zum Herrn! Für Deutschland gibt es auch nur ein Heilmittel: Zurück zum Herrn! Und zwar jeder für sich, jeder an den Platz, an dem er steht, jeder mit seiner Familie, sprich, jeder Hausvater, jede Hausmutter, jeder Teenager. Ja, wir sollen umkehren und genau das tun.

Es steht geschrieben: **Elia war ein schwacher Mensch wie wir (Jak 5,17a).** Er war ein Mensch wie du, wie ich und wie wir alle. Er war nicht etwa etwas Außergewöhnliches. Er war ein Mensch uns gleich. Er betete, dass es nicht regnen sollte, und es regnete nicht. Und er betete, dass es regnen sollte, und es regnete. Er betete! Ja, und er betete wieder.

Jakobus[35] war der Bruder Jesu. Er wusste ganz genau, was er sagte, und er gab uns eine Anleitung zum Gebet. Elia war ein Mensch wie wir; ganz normal. Jakobus versuchte, die Religiösen zu entwaffnen. Er versuchte, aus Elia eine ganz normale Person zu machen. Keinen Super-Frommen. Studiere seine Geschichte. David war ein Mann nach dem Herzen Gottes. Nachdem Ahab sich gebeugt hatte und die Baalspriester abgeschlachtet waren, betete Elia. Er nahm sieben Mal seinen Kopf zwischen die Füße (s. 1 Kön 18,42). Probiere das einmal, wenn du athletisch begabt bist. Er als Prophet betete sieben Mal und demütigte sich sieben Mal vor dem Herrn. Als er dann gen Mittelmeer blickte, sprach er: „Ahab, ich sehe eine Wolke so groß wie die Faust eines Mannes." Nicht größer! „Eine Wolke kommt!" Und: „Spann dein Ross und reite heimwärts, sonst wirst du nass!" Der Herr bestätigte ihn. Es regnete wie nie zuvor (s. 1 Kön 18,43-45a).

Elia erlebte die Wunder Gottes in seinem Leben. Wenn du in deinem Leben ein Wunder Gottes erlebtest, kannst du nicht mehr lassen von Ihm. Wenn du einmal „von einem Raben versorgt wurdest", kannst du es nicht mehr lassen. Dann weißt du: „Der Herr wird mich auch bei der Witwe versorgen! Der Herr wird mich auch in der schlimmsten Dürre versorgen."

Ein wahrer Prophet wie Elia braucht Raum und Zeit zum Ausruhen; einfach um zu verarbeiten, um sich neue Salbung schenken zu lassen. „Elia, du hast noch einen weiten Weg. Geh diesen Weg. Lass dich nicht abhalten und bewirke jetzt in den Tagen weiter das, was du tun musst und sollst."

Elisa sprach: „Ich will dein Jünger sein!" Elia sprach: „Ja, das geht. Aber es geht nicht einfach so. Es kostet seinen Preis. Nütze die Gelegenheit, die sich einfach so ergibt, die dir vor die Hand gelegt wird vom Herrn. Fordere „Baal" heraus, wo es nur geht; diesen mächtigen Götzen Baal, den „mächtigen Gott der Leute"!

Lass dich nicht einschüchtern. Der Herr gab uns nicht den Geist der Feigheit, sondern den Geist der Liebe, des Mutes, der Besonnenheit und der Kühnheit (s. 2 Tim 1,7).

Das ist der Heilige Geist. Und wir sollen diesen Geist gebrauchen! Wenn der Herr zu dir sprach, solltest du mutig und kühn sein und bewirken, was der Herr sprach, gleich Elia: „Komm heraus ‚aus deiner Höhle' bzw. aus dem Versteck, in dem du dich verbirgst. Stelle dich Satan und verkünde: „Im Namen Gottes, ich gehe!“ Nicht so, wie es der Junge tat, der mir das Folgende mitteilte: „Ich nehme es mit dem Teufel auf.“ Du kannst es nicht mit dem Teufel aufnehmen! Aber „Gott in dir“ kann es! Der Herr in dir bewirkt es. Dann wirst du ein ganz normaler Mensch. Dann wirst du dein Werk vollenden und deinen Weg zum Ziel bringen. Und dann kannst du ausrufen: „Jetzt ist es genug! Ja, jetzt ist es genug! Jetzt erfülle ich meinen Auftrag. Jetzt tue ich, was ich tun soll!“

Die Frage ist die folgende: Hast du getan, was du tun solltest? Fand deine Wiederherstellung statt, dadurch, dass Er dir Kraft gab? Es steht geschrieben: **Aber die auf den HERRN harren, kriegen neue Kraft, dass sie auffahren mit Flügeln wie Adler, dass sie laufen und nicht matt werden, dass sie wandeln und nicht müde werden (Jes 40,31).** Sei sicher, denn der Herr ist mit dir. Und bilde dir nichts ein.

Elia ist ein Endzeittypus. Jesus sprach: „Elia kommt wieder“ oder aber: „Bevor Jesus kommt, wird die Kraft Elias offenbar werden.“ (Siehe Mt 17,10f.) Nicht allein, dass Johannes der Täufer in der Kraft Elias auftrat, sondern Elia selbst! Wenn Elia kommt, macht sich Satan massiv auf. Und genau das erleben wir heutzutage. Jesus wird bald wiederkommen! Wir haben eine Geschichte, die stattfand, während sie vom Berg der Verklärung hinabstiegen, auf dem Elia erschien, auf dem Mose war und sie über den Ausgang des Kampfes Jesu sprachen. Von dort also stiegen sie hinab. Die Worte klangen ihnen noch in den Ohren. Irgendeiner schrie: „Jesus von Nazareth! Warum bist Du gekommen, uns vor der Zeit zu quälen.“ (Siehe Mt 8,29)

Die Teufel fangen an zu toben! Sie sind noch nicht gestorben, auch wenn die Schweine damals im Meer ersoffen, als sie den Abhang hinunterstürzten. Dämonen leben weiter! Die Jünger fragten: „Was soll das alles bedeuten?“ Und Jesus sprach: „Elia kommt wieder.“ In der Kraft Elias müssen die Dämonen ausfahren! Die Teufel müssen geköpft werden. Es steht geschrieben: Und die Jünger fragten ihn und sprachen: Warum sagen denn die Schriftgelehrten, zuerst müsse Elia kommen? **Er antwortete und sprach: Ja, Elia kommt und wird alles zurechtbringen. Doch ich sage euch: Elia ist schon gekommen, und sie haben ihn nicht erkannt, sondern haben mit ihm getan, was sie wollten (Mt 17,10-12a).** Zuerst kommt Elia, um alles vorzubereiten. Das ist eine Anspielung auf Johannes den Täufer. Und auch der Menschensohn wird wiederkommen. Meinst du, dass Er Glauben finden wird? (Siehe Lk 18,8b) Nein! „Die Isebel“ dominiert, d. h., „Staat und Wohlstand dominieren wie folgt: „Wir machen das schon für euch! Beruhigt euch!“

Nun verstanden die Jünger, worum es ging. Und du? Verstehst du es auch? Verstehen wir, um was es in der Endzeit geht, wenn wir den Elia betrachten? Elia war ein Mensch gleich uns, wie du, wie ich und wie wir alle!

Gebet: Lieber Heiland, ich danke Dir, dass der Geist Elias auch heute noch überall wirksam ist. Deine Kinder werden verborgen und übernatürlich versorgt. Sie sind vielleicht erschöpft, müde und ausgebrannt, denn sie haben für Dich geeifert, Herr, so wie Elia, Dein Bote. Aber jetzt sind sie „in der Höhle“. Jetzt sendest Du Deine Engel und stärkst sie für die Reise, die noch vor ihnen liegt. Sie haben noch einen weiten Weg vor sich.

Vater, ich danke Dir, dass Du meine Geschwister und Freunde, die diese Predigt hörten, stärkst, dass sie sich nicht aufgeben, dass sie nicht frustriert sind, dass sie nicht kapitulieren, sondern, dass sie erst recht weitermachen und „einen Elisa salben, einen Jehu salben, und einen Hasael salben“, dass sie die Arbeit in der Salbung vollziehen und das Doppelte in ihrem Leben erreichen durch die Gnade und Kraft des Herrn. Amen

Teil 3

Predigt von Pastor Joh.W.Matutis

„Unterwegs mit Paulus“

Unterwegs mit Paulus

Preis dem Herrn! *„Fülle mein Herz mit Freude!"* Und ich möchte, dass du auch heute bei dieser Botschaft begeistert bist: „Ich habe einen Freund, einen guten Freund, einen guten Mitarbeiter!" Diesen gewann Paulus[1] durch Lukas[2]. Sie machten beide Höhen und Tiefen durch. Folgendes ist interessant: Zwei Menschen standen nicht etwa in Konkurrenz zueinander, sondern sie ergänzten einander. Das ist nämlich Freundschaft, Mitarbeiterschaft oder was sonst noch. „Unterwegs mit Paulus" lautet mein Thema. Paulus war „ein auserwähltes Werkzeug Gottes", schon im Mutterleib zubereitet, das wissen wir ja (siehe Gal 1,15). Er bewährte sich. Paulus war ein umstrittener Mann. Das ist auch sehr wichtig zu wissen. Apostel Paulus war kein leichter Mensch.

Heute betrachte ich das Leben des Lukas. Er war der Begleiter des Paulus, der über seine Reisen berichtete. Lukas begleitete ihn allerorts. Er ging mit ihm sogar ins Gefängnis! Er versorgte ihn dort und kümmerte sich um ihn, verstehst du? Paulus war nicht der Gesündeste. Wir wissen ja, dass er schwer krank war. Ein ganzes Jahr lang lag er krank darnieder. Ihm war das Predigen untersagt. Auch Männer Gottes werden krank. Das ist ganz normal. Gerade wenn du dem Herrn dienst, verschont dich Satan nicht. Paulus sprach: „Satan schlägt mich mit Fäusten". (Siehe 2 Kor 12,7)

Lukas blieb bei Paulus bis zum Schluss. Das heißt etwas, bis zum Schluss auszuhalten, also nicht nur solange, wie es einem gutgeht, alles glattgeht und einen die Leute mit offenen Armen empfangen. Als Paulus den Mund auftat, warfen die Leute Dreck in die Luft (siehe Apg 22,23). Sie steinigten ihn und griffen ihn an, wie auch immer (s. 2 Kor 11,24f.). Das gilt für Heiden wie für Juden! Oder die Heiden wurden aufgehetzt von den Juden.

Lukas wusste, welche Gefahr ihm drohte, wenn er sich als Freund des Apostel Paulus zu erkennen gab. Es war bestimmt nicht leicht, diesen Paulus als Freund zu haben. Man wird gleich verdächtigt. Die Juden mochten ihn nicht, weil er ein Abtrünniger war (s. Phil 3,5-7), und die Christen mochten ihn meistens auch nicht – ausgenommen die messianischen Juden – weil er das ganze Jerusalemer Gemeindewesen zerstört hatte (s. Phil 3,6a). Paulus war eine sehr umstrittene Persönlichkeit.

Er war ein Mensch, über den sich Christen und Juden am meisten stritten, aus welcher Ursache auch immer heraus. Er war ein großer Geist, aber voller Widersprüche. Er bekehrte sich und von heute auf morgen begann er zu predigen. „Mit dem stimmt etwas nicht, wenn sich einer so schnell bekehrt!“, riefen die Leute. Und man ließ ihn über die Mauer in Damaskus hinab entrinnen (s. Apg 9,25). Sie rieten ihm: „Geh einmal nach Hause und lerne.“ Vierzehn Jahre war er verschollen!, erst in Tarsis und dann in der Wüste Arabiens (s. Gal 1,17b). Er sprach: „Ich empfing es vom Herrn.“ (Siehe 1 Kor 11,23a) Er brauchte die Zeit der Zubereitung durch den Heiligen Geist.

Seine Briefe riefen unter vielen Christen Spaltung hervor. Sie sorgten für Unruhe. Petrus[3] verursachte keine Unruhe, aber Paulus. Ganz besonders die Briefe an die Korinther riefen Streit hervor. Darüber streiten sich die Leute auch heute noch. Sie fragen sich: „Was ist richtig? Was ist verkehrt? Was trug ihm der Herr auf? Was ist seine Meinung als Rabbiner?“ Er gab rabbinische Lösungen. Er wollte ja ein Rabbiner sein.

Paulus prägte das Christentum sehr stark! Eigentlich müssten wir heute nicht Christen heißen, sondern Paulinisten. Er beeinflusste den christlichen Glauben massiv. Keiner der Apostel wurde so stark kritisiert wie Paulus. Er verursachte sehr viel Schaden in der Urgemeinde. Am Schluss blieben nur noch die Apostel in Jerusalem! Von den achttausend Mitgliedern der Jerusalemer Gemeinde blieben nicht mehr viele übrig.

Paulus wurde als ein Abtrünniger von den Juden nicht ernst genommen. Von den Judenchristen wurde er auch nicht ernst genommen! Deshalb sprach er: „Ich gehe zu den Heiden." Petrus und Paulus gaben sich die Hand und vereinbarten, dass der eine zu den Heiden, und der andere zu den Juden gehen werde; Paulus also unter den Heiden die christliche Gemeinde aufbauen wolle (s. Gal 2,7). Der Herr berief ihn für die Heiden, dazu, das Reich Gottes für die Heiden zu gründen. Der Apostel sprach zu sich selbst, was nachfolgend geschrieben steht: **Denn ich bin der geringste unter den Aposteln, der ich nicht wert bin, dass ich ein Apostel heiße, weil ich die Gemeinde Gottes verfolgt habe. Aber durch Gottes Gnade bin ich, was ich bin. Und seine Gnade an mir ist nicht vergeblich gewesen, sondern ich habe viel mehr gearbeitet als sie alle; nicht aber ich, sondern Gottes Gnade, die mit mir ist (1 Kor 15,9f.).** Nirgendwo in der Apostelgeschichte tritt er als ein Apostel auf, sondern nur als Saulus[4]. Diese Worte tat Paulus kund. Nur damit wir Kenntnis darüber haben, mit was für einem Mann sich Lukas abgab! Durch ihn erlitt die Gemeinde einen sehr, sehr großen Schaden! Die Steinigung des Stephanus[5] war der Auslöser dafür (s. Apg 7,54-60). Das gefiel ihm! Dadurch „leckte er Blut" und verfolgte die Christen.

Wer war dieser Paulus? Er trat aus Tarsus hervor. Tarsus war damals bezüglich der Bildung Athen und Alexandria gleichgestellt. Es war eine hochkultivierte Stadt. Paulus besaß das römische Bürgerrecht. Er war mit sämtlichen Rechten und Privilegien ausgestattet. Er war genau der richtige Mann am richtigen Platz, um dem Herrn zu dienen. Er war römischer Bürger, der griechischen Sprache mächtig und hochgebildet (s. Apg 21,39; 22,25).

Paulus und Lukas waren die zwei Gebildeten der Gemeinde. Die anderen waren einfache, liebe Heilandsleute, aber nichts Besonderes. Deswegen sprach er, was nachfolgend geschrieben steht: **Nicht viele Weise nach dem Fleisch, nicht viele Mächtige, nicht viele Vornehme sind berufen. Sondern was töricht ist vor der Welt, das hat Gott erwählt (1 Kor 1,26b-27a).** Aber er und Lukas waren gebildet.

Paulus setzte seine weiteren Studien in Jerusalem fort. Er war ein Pharisäer von Pharisäern. Er ging zu Professor Gamaliel[6] (s. Apg 22,3). Trotzdem sich dieser Professor zu den Pharisäern hielt, war er doch ein sehr toleranter Mann. Als die Christen geschlagen waren und man sie töten wollte, empfahl er, was nachfolgend geschrieben steht: **Und nun sage ich euch: Lasst ab von diesen Menschen und lasst sie gehen! Ist dies Vorhaben oder dies Werk von Menschen, so wird's untergehen; ist's aber von Gott, so könnt ihr sie nicht vernichten – damit ihr nicht dasteht als solche, die gegen Gott streiten wollen (Apg 5,38-39a).** „Lasst diese Leute ziehen! Ist die Sache vom Herrn, wird sie bestehen bleiben. Ist die Sache nicht vom Herrn, wird sie untergehen. Dann seid ihr blamiert.“ Er war sehr tolerant. Das wurde Paulus beigebracht durch Professor Gamaliel. Das geht aus der Rede des Sanhedrin, der obersten jüdischen Instanz, hervor.

Paulus war mit vielen Fähigkeiten ausgestattet. Er war erfolgreicher im Judentum als viele seiner jüdischen Kollegen. Er war ein Pharisäer unter Pharisäern. Er war aus dem Stamm Benjamin (s. Phil 3,5). Er hatte eine gute Tradition. Sein Vater war römischer Bürger und gleichzeitig Jude und hochgebildet. Er war ein maßloser Eiferer für das Gesetz der Väter und der Tradition (s. Gal 1,14). Vermutlich strebte er das Amt eines Rabbiners in Jerusalem an. Er nahm wahr: „Ich bin zu etwas Hohem berufen, aber an der verkehrten Stelle, in der verkehrten Sache.“

Als talentierter, gebildeter Pharisäer war er ein eifriger Verfolger der christlichen Lehre. Die christliche Lehre widerstrebte ihm! „Jesus[7] ist nicht der Messias!“, wollte er den Leuten beibringen. Und der Herr begegnet ihm auf eine wundersame Art und Weise. Dadurch wurde er zum Apostel benannt durch Hananias[8], der ihm die Hände auflegte. Bruder Hananias betrat den Raum und sprach: „Lieber Bruder Saul, der Herr, der dir unterwegs erschien, ist auch mir erschienen." (Siehe Apg 9,17) Du siehst, wie der Herr Menschen zusammenführt, beruft und befähigt.

Er wurde ein feuriger Prediger des Evangeliums, der sein Leben und seine Kraft dafür einsetze, das Wort Gottes zu verkündigen und unter die Nationen zu tragen. Er war ein weltgewandter Mensch. Paulus entwickelte sich, gerade eben durch das Judentum, in die verkehrte Richtung. Mit unglaublicher Entschiedenheit machte er sich zur Zeit der Auswirkung des Christentums breit. Er machte sich eben das zu Nutzen und rief Folgendes aus: „Christen müssen raus! Sie müssen vernichtet werden! Sie haben im Judentum nichts zu suchen!" Der christliche Glaube galt im Judentum als Sekte, als ein Ableger, der ausgerottet werden sollte.

Paulus war die Ursache für das erste Apostelkonzil (s. Apg 15,2). Er wurde als Zeltmacher ausgebildet, was typisch für einen jüdischen Landsmann war (s. Apg 18,3). Allein von der Bibellehre vermochte er seinen Unterhalt nicht zu bestreiten. Man ging also damals im Judentum sehr weise vor. Du musstest eine praktische Arbeit verrichten. Das ist ein indirekter Hinweis darauf, dass Paulus ein Rabbiner werden wollte. Es war unmöglich, Geld für das Unterrichten der Tora zu beziehen, denn es steht geschrieben: **Umsonst habt ihr's empfangen, umsonst gebt es auch (Mt 10,8b).** Diese Philosophie galt im Judentum, und das versuchte Paulus später auch auf das Christentum zu übertragen.

Paulus verdiente also seinen eigenen Lebensunterhalt durch sein Handwerk. Der andere war Zimmermann. Jesus war auch der Sohn eines Zimmermanns. Er ging auch einer praktischen Arbeit nach. In den Briefen erwähnt Paulus wiederholt, dass er der Gemeinde nicht zur Last fallen wolle. Er wolle sich selbst ernähren, und diejenigen, die mitreisen, sollen auch „Kost und Logis“ haben (s. 1 Kor 9,13).

Paulus zählt sich zum „Apostel der Heiden“, wie nachfolgend geschrieben steht: **Euch Heiden aber sage ich: Weil ich Apostel der Heiden bin, preise ich meinen Dienst, ob ich vielleicht meine Stammverwandten eifersüchtig machen und einige von ihnen retten könnte (Röm 11,13f.).** „Ich bin ein Apostel der Heiden.“ Wahrscheinlich nahm er die Stelle ein, die Judas[9] hätte einnehmen sollen. Doch er erhängte sich (s. Apg 1,18). Man wählt Hananias aus, aber er war nicht der Apostel, den der Herr vorsah. Gott wollte Paulus haben! So spricht der Herr: *„Denn dieser ist mein auserwähltes Werkzeug“.* (Siehe Apg 9,15a) Er zählte sich nicht zu den zwölf Aposteln. Das stelle ich euch nur nebenbei anheim, damit ihr wisst, mit wem es Bruder Lukas zu tun hatte.

Paulus gründete zahlreiche Gemeinden in Kleinasien, auf der Balkaninsel, in Kroatien insbesondere. Die Briefe des Paulus an die Gemeinden gingen an die Gruppen, die er gegründet und im Glauben motiviert hatte. Sie waren auch an Einzelpersonen wie Philemon[10] adressiert, oder an diesen und jenen, dem er etwas mitzuteilen hatte.

Die vierzehn Briefe, die existieren, sind ein Teil des Neuen Testaments. Paulus beeinflusste das Christentum stark. Deshalb sollten wir „Paulinisten“ genannt werden. Die christliche Theologie stand sehr stark unter seinem Einflussbereich. Paulus stand wegen seines Glaubens oft vor Gericht. Am Schluss wurde er des Todes verurteilt. Wahrscheinlich fand zu späterer Zeit in Rom seine Kreuzigung statt, da er das zweite Mal inhaftiert wurde. Paulus‘ Auftritte waren es, die Skandale verursachten. Ja, das war Paulus! Würdest du mit einem solchen Menschen zusammengehen wollen durch dick und dünn, ganz gleich, was passiert? Es traten immer wieder Skandale hervor.

In Jerusalem wurde er verhaftet; man wollte ihn lynchen (s. Apg 21,33). So ein Typ war er. Er wollte nicht auffallen, schor sich eine Glatze (s. Apg 18,18c), brachte Opfer, wollte einmal noch in den Tempel treten, bevor dieser zerstört werden würde. Dabei wurde er inhaftiert. Wir wissen, was da passierte: Er berief sich auf den Kaiser. Folgende Worte sprach er aus: „Ich bin römischer Bürger und werde, wenn, dann nicht von euch Juden gerichtet werden, sondern ausschließlich vom Kaiser!" (Siehe Apg 25,11c) Was das auch immer geheißen haben mochte, für die Juden war es eine echte Blamage.

Lukas hielt sich selbst während dieser kritischen Zeit bei dem Apostel auf. Es steht geschrieben: **Denn ich werde schon geopfert, und die Zeit meines Hinscheidens ist gekommen (2 Tim 4,6).** Paulus teilte Timotheus[11] mit, was nachfolgend geschrieben steht: **Lukas ist allein bei mir (2 Tim 4,11a).**

Nachdem Paulus mit dem jüdischen Glauben gebrochen hatte, bzw. mit diesem jüdischen Irrtum, dass Jesus nicht der Messias sei und Sein Name aus dem Talmud ausgelöscht werden müsse, entschloss er sich, für Jesus da zu sein. Er gab Ihm sein Leben ganz hin. Das war Paulus. Lukas fand zu ihm.

Lukas war zunächst einmal bei Jesus, nebst dessen zweiundsiebzig Jüngern. Wir wissen ja: Jesus hatte nicht nur 12 Jünger, sondern noch weitere 72. Das ist ein prophetisches Bild auf die Nationen, und zwar, nicht nur für die Juden! Die zwölf Stämme – das waren die zwölf Jünger, die für die zwölf Stämme standen. Es geht hier ausdrücklich um die zweiundsiebzig Völker! Hier war, aller Wahrscheinlichkeit nach, Lukas anwesend, denn er notierte alles, was er von Anfang an sah, hörte und miterlebte, ganz besonders durch die Mutter Maria[12] sowie durch alle Gläubigen, die später in Judäa versammelt waren. Er wollte von Paulus lernen. Nachdem Jesus tot war und in den Himmel aufgenommen worden war, wollte er, noch dazu, von Paulus lernen. Die Frage, die ihn bewegte, war folgende: „Wie geht die Sache Gottes denn nun eigentlich weiter?"

Lukas war eine sehr interessierte, offene Person. Er wollte mehr vom Herrn! „Unterwegs mit Paulus" lautet mein heutiges Thema. Lukas gehörte zu den Gefährten des Paulus. Er begleitete ihn nach Milet, Tyrus, Cäsarea, Jerusalem und allerorts als Reisebegleiter. Er führte Tagebuch darüber, was alles stattfand. Paulus teilte mit, dass Lukas ihm zur Seite stand, auch in Not, Krankheit und Schwierigkeiten. Er war der Arzt Dr. Lukas. Es ist gut, wenn man einen Arzt als Mitarbeiter in seinem Team hat, der einen betreut bzw. verarztet. Lukas harrte bei Paulus aus, als man ihn in Rom gefangen nahm. Er quartierte sich ein. Die damaligen Gefängnisse waren nicht so luxuriös wie heutzutage mit Fernseher und anderem Komfort ausgestattet. Man musste versorgt werden, einkaufen, Essen bereiten u. v. m. Er sorgte für alle möglichen praktischen Dinge. Er war ein freier Bürger, d. h., er war nicht etwa auch verhaftet. Er schmuggelte sich in das Gefängnis hinein, indem er sagte: „Ich bin ein Freund von Paulus und stehe ihm bei."

Paulus war etwas Großartiges, denn er war Theologe und Mystiker. Man könnte auch sagen, dass er Dogmatiker und Mystiker war. Paulus konnte sowohl dogmatisch argumentieren, als auch sich hinaufschwingen und quasi „im Geist" sein, wie nachfolgend geschrieben steht: **Gerühmt muss werden; wenn es auch nichts nützt, so will ich doch kommen auf die Erscheinungen und Offenbarungen des Herrn. Ich kenne einen Menschen in Christus; vor vierzehn Jahren – ist er im Leib gewesen? Ich weiß es nicht; oder ist er außer dem Leib gewesen? Ich weiß es nicht; Gott weiß es –, da wurde derselbe entrückt bis in den dritten Himmel. Und ich kenne denselben Menschen – ob er im Leib oder außer dem Leib gewesen ist, weiß ich nicht; Gott weiß es –, der wurde entrückt in das Paradies und hörte unaussprechliche Worte, die kein Mensch sagen kann (2 Kor 12,1-4).** Das gefiel Lukas! Paulus war also beides: Dogmatiker und Mystiker. Ja, die

Geschichte des Apostel Paulus, wie der Herr ihn geführt und geleitet hatte, begeisterte Dr. Lukas. Lukas verstand sich gut mit Paulus. Er war weltoffen so wie er. Er war auch schon sehr viel gereist. Er war gebildet und kultiviert, weltmännisch und weltgewandt.

Paulus wuchs in Tarsis als ein römischer Bürger auf, der seine Studien bei Prof. Gamaliel vornahm und sich endlich glücklich bekehrte, womit er Satan sowie diesem ganzen Judentum „die Rechnung verdarb". Die Juden hassten Paulus.

Lukas war Arzt, ein Grieche, auch sehr gebildet. Hier trafen sich zwei Kollegen und ergänzten einander. Das ist Mitarbeiterschaft. Das ist ein Team. Man ergänzt sich gegenseitig. Lukas war Arzt, wie nachfolgend geschrieben steht: **Es grüßt euch Lukas, der Arzt, der Geliebte, und Demas (Kol 4,14).** Wahrscheinlich besaß er eine gründliche wissenschaftlich-fundierte Ausbildung. Aller Wahrscheinlichkeit nach war er ein Sklave, der entlassen wurde. Er war als einer der ersten Verkündiger mit Paulus unterwegs.

Beide waren in der Gemeinde die einzigen Gebildeten. Ich betone „die Gebildeten", denn das allgemeine Volk, die Sklaven und Frauen, glaubten an das Evangelium, aber nicht die gebildeten Menschen. Sie waren das einfache Volk. Aber gerade diese beiden gebildeten Personen konnten es dem einfachen Volk vermitteln! Sie konnten es ihnen plausibel machen!

Der Autor des „Evangeliums nach Lukas" schrieb intensiv über die Heilungsgeschichten Jesu, weil er sehr interessiert daran war. Er fragte sich: „Wie passierte es?" Anschließend betonte er eben genau diese gesunde Lehre. Bei Lukas ist beachtlich, dass er jeweils immer Wert auf den folgenden Zusatz legte: *„Geh und sündige von jetzt an nicht mehr!"* (Siehe Joh 8,11 EU, ZB) Das heißt soviel wie: „Gebrauche diese negativen Dinge nicht! Liege nicht im Schmutz! Bleibe nicht im

Dreck liegen! *„Geh und sündige von jetzt an nicht mehr!"* Die Kunst des gesunden Lebens war für die Ärzte der Antike der wichtigste Punkt. Deshalb betonte er: „Geh hin und sündige fortan nicht mehr. Lebe rein!" Lukas beschreibt das alles also sehr genau und sehr exakt.

Da Lukas Arzt war, ist in seinem Evangelium auch auffällig, dass darin sehr oft die Rede von Heilung ist, worauf andere Evangelisten gar nicht einen so großen Wert legten. Die ersten Verkündiger des Evangeliums waren also Paulus und Lukas, besonders in den neuen, heidnischen Regionen. Bei keinem anderen kommen Worte wie „heil machen" und „gesund machen" vor. Jesus kam, um zu heilen und um gesundzumachen. Für Lukas war Jesus der Mensch, der Heil und Heilung brachte. Die beiden Apostel betrachteten den Menschen, also weder die Religion noch das Gesetz. Der Mensch steht im Vordergrund!

Heilung bedeutete für Lukas die Wiederherstellung der menschlichen Würde und Harmonie. Dies wird insbesondere dann ersichtlich, wenn man die Heilungsgeschichten betrachtet, die Jesus Christus beschreiben, z. B. der wassersüchtige Junge oder die von Schmerz gekrümmte Frau in der Synagoge, wie nachfolgend geschrieben steht: <u>Und er lehrte in einer Synagoge am Sabbat.</u> **<u>Und siehe, eine Frau war da, die hatte seit achtzehn Jahren einen Geist, der sie krank machte; und sie war verkrümmt und konnte sich nicht mehr aufrichten. Als aber Jesus sie sah, rief er sie zu sich und sprach zu ihr: Frau, du bist erlöst von deiner Krankheit! Und legte die Hände auf sie; und sogleich richtete sie sich auf und pries Gott (Lk 13,10-13).</u>** „Weib, richte dich auf!" (Siehe Lk 13,12f.) Und dann: „Auch du bist eine Tochter Abrahams". (Siehe Lk 13,16a)

Beide Heilungen fanden am Sabbat statt, an dem Tag, da der Herr eigentlich nichts tun sollte (s. Lk 13,10). Die Schöpfung war vollendet, ja, das stimmt, aber was die Sünde angerichtet hatte, das trat hervor! Der Schöpfungakt geht weiter! Er tritt auch am Sabbattag in Kraft! Der Herr arbeitet unentwegt, ohne zu ruhen. Von wegen: „Jetzt schläft Er wieder.“ Nein! Der Herr ist immer aktiv! Preis Gott!

Jesus stellt hier den Menschen, bildlich gesprochen, durch Heilung und Wiederherstellung der Schöpfung wieder her und vollendet das Werk des Vaters: „Ich kam, *zu suchen und selig zu machen, was verloren ist.“*, wie nachfolgend geschrieben steht: **Denn der Menschensohn ist gekommen, zu suchen und selig zu machen, was verloren ist (Lk 19,10).** Das berichtet Lukas, der Arzt, in seinem Evangelium.

Jesus liegen die Menschen, die Kranken, die Fremden und die Armen am Herzen. Das berichtet Lukas! Er wird später, wenn er die Apostelgeschichte schreibt, zu den Fremden bzw. zu den Ausländern gehen. Er geht zu den Ausgestoßenen und Verachteten! Das Evangelium nach Lukas ist das Evangelium der Barmherzigkeit. Es enthält Geschichten, wie die vom verlorenen Sohn, dem guten Hirten u. v. m.

Mit Paulus war es nicht immer einfach auszukommen. Das möchte ich nochmals betonen. Es traten sich zwei Menschen, die der Herr berief, gegenüber. Folgendes ist so wichtig: Wenn der Herr zwei Menschen beruft, kommen sie miteinander zurecht. Es ist nicht einfach, aber es geht, weil der Herr sie berief. Gott schreibt die Geschichte. Er verbindet Menschen. Was der Herr zusammenfügt, soll der Mensch nicht scheiden. Der Herr verband Lukas und Paulus. Es war nicht ganz so leicht, miteinander zurande zu kommen. Paulus war ein Choleriker und Draufgänger. Er hatte eine göttliche Mission. Lukas wollte einfach nur dabei sein und sagte Worte wie: „Ich will dabei sein und begutachten, wie der Herr durch diesen Mann wirkt bzw., wie Gott diesen Mann gebraucht.“

Markus[13] vermochte nicht mitzuhalten. Er war auch ein Evangelist, der das „Evangelium nach Markus“ verfasste. Aber er war so ein feines Büblein. Ihm wurden die Berge zu steil. Paulus lief zu schnell und er konnte nicht folgen. Plötzlich kam wegen Markus ein Streit zwischen Barnabas[14] und Paulus auf, denn er sprach: „Dieses Büblein kann ich gar nicht mitnehmen. Markus ist nicht fähig!" Weißt du, man muss auch fähig sein. Wenn der Herr jemand zusammenfügt, muss man befähigt sein, miteinander durch dick und dünn zu gehen. „Unterwegs mit Paulus" lautet mein Thema.

Ich lief und fuhr ein paar Male diese Wegstrecken und Gegenden ab, die Paulus durchstreifte: Thessaloniki, Griechenland, Kleinasien sowie diese, da er auf der Via Appia in Neapel als Gefangener und Sklave entlangzog gen Rom. Es war nicht einfach, aber Paulus war gut zu Fuß. Die Leute damals waren gut zu Fuß. Sie hatten keine Fahrzeuge, keinen Mercedes-Benz, kein Flugzeug! Nicht einmal einen Esel hatten sie! Sie liefen gut. Doch Markus fiel das schwer.

Lukas verstand sich gut mit Paulus und teilte alle seine Gnade mit ihm, und das in einem solchen Ausmaß, dass er es sogar in einem Brief zur Erwähnung an die Gläubigen brachte, und zwar so, wie nachfolgend geschrieben steht: Es grüßt euch Lukas, der Arzt, der Geliebte, und Demas (Kol 4,14). „Lukas, der geliebte Freund." Stell dir das einmal vor! „Ja, Lukas, unser lieber Freund."

Lukas war keine Konkurrenz für Paulus, und Paulus war keine Konkurrenz für Lukas. Wenn der Herr zwei Menschen zusammenfügt, konkurrieren sie nicht miteinander! Sie sollen dienen, jeder mit der Gabe, die er vom Herrn empfing. Von Jerusalem und Umgebung bis Dalmatien und Kroatien verkündigen diese beiden das Evangelium, wie geschrieben steht, siehe hier: **In der Kraft von Zeichen und Wundern und in der Kraft des Geistes Gottes. So habe ich von Jerusalem aus ringsumher bis nach Illyrien das Evangelium Christi voll ausgerichtet (Röm 15,19).** Sieh! Von Judäa bis Rom „teilt Lukas mit Paulus die Ketten"! Er lässt sich sogar als ein Gefangener einsperren, damit er Paulus näher ist, damit er ihm zu

Diensten steht und damit es möglich ist, mit ihm zu beten. Der Herr segnet die beiden, damit sie ihre Sorgen miteinander teilen.

Paulus und Lukas erlebten den gleichen Schiffbruch. Sie kämpften um ihr Leben. Die Apostelgeschichte wurde größtenteils im Plural verfasst, siehe hier: „Wir waren in diesen Sturm verwickelt", „Wir waren dabei", „Wir warfen alles über Bord", „Wir taten dieses und jenes". (Siehe Apg 27,1-28) Er wollte mit ihm „ein und dieselbe Krone erlangen". Darum auch die wilden Strapazen, die sie miteinander durchlebten. Er wollte denselben Siegeskranz erhalten. Paulus sprach, was nachfolgend geschrieben steht: **Ich habe den guten Kampf gekämpft, ich habe den Lauf vollendet, ich habe Glauben gehalten; hinfort liegt für mich bereit die Krone der Gerechtigkeit, die mir der Herr, der gerechte Richter, an jenem Tag geben wird, nicht aber mir allein, sondern auch allen, die seine Erscheinung lieb haben (2 Tim 4,7f.).**

Lukas besaß genauso viel Talent zum Predigen wie Paulus. Sie wuchsen beide miteinander in die Sache des Evangeliums hinein. Sie wurden vielen Menschen ein Segen. Wenn man gemeinsam wächst und miteinander harmoniert ist man unschlagbar. Es steht geschrieben: **Wie geht's zu, dass einer tausend verjagt und zwei sogar zehntausend flüchtig machen?** Kommt's nicht daher, dass ihr Fels sie verkauft hat und der HERR sie dahingegeben hat? **(5 Mose 32,30)** Der Herr verfasste durch einen einzigen Menschen sowohl das „Evangelium nach Lukas" als auch die „Apostelgeschichte". Weißt du, es ist schon erstaunlich: Lukas verfasste für eine einzige Person das Evangelium und die Apostelgeschichte (s. Lk 1,3b; Apg 1,1). Damals war Pergament sehr teuer! Es war eine Heidenarbeit!

„Wer einem einzelnen Menschen dienen kann, kann der ganzen Welt dienen", sagt man. Lukas erscheint uns hier als der Liebende und der geliebte Jünger des Erlösers. So wie er als Evangelist diente und die heilige Geschichte notierte, war er; Lukas, der später die Geschichte Jesu weiter nachvollzog: „Wie ging es weiter mit der Gemeinde Jesu?“

Das „Evangelium nach Lukas“ beschreibt die Offenbarung des Welterlösers. Das „Evangelium nach Paulus“ wird später als das „Evangelium nach Lukas“ benannt. Wahrscheinlich verwandte Paulus das „Evangelium nach Lukas“ als Vorlage für seinen Predigtdienst. Damals gab es noch nicht den Kanon des Neuen Testaments. Er lag ihnen noch nicht vor, denn die Evangelien waren noch nicht verfasst.

Paulus benötigte Lukas als Arzt, denn er war gesundheitlich nicht der Stärkste. Es steht geschrieben: **Ihr wisst doch, dass ich euch zuvor in Schwachheit des Leibes das Evangelium gepredigt habe. Und obwohl meine leibliche Schwäche euch eine Anfechtung war, habt ihr mich nicht verachtet oder vor mir ausgespuckt, sondern mich wie einen Engel Gottes aufgenommen, ja wie Christus Jesus. Wie wart ihr dazumal selig zu preisen! Denn ich bin euer Zeuge: Ihr hättet, wenn es möglich gewesen wäre, eure Augen ausgerissen und mir gegeben (Gal 4,13-15).** Hier offenbart sich, welchen Leiden der Apostel unterlag. Als ihn das Licht umleuchtete, wurde er mit Blindheit geschlagen und umnachtet für drei Tage (s. Apg 9,8f.). Er fiel zu Boden. Wahrscheinlich hatte Paulus epileptische Anfälle. Er fiel zu Boden und rief aus: „Herr, wer bist Du?“ (Siehe Apg 9,5a) Ihr kennt ja diese Geschichte (s. Apg 9,1-19).

Als er das erste Mal den Boden Galatiens betrat, ging es ihm nicht wohl. Er war schwach und hatte gesundheitliche Probleme, Leiden und Beschwerden. Aber er ging dennoch. Er ließ sich von seinen gesundheitlichen Problemen nicht abhalten, dem Herrn zu Diensten zu stehen. Er wurde von einem Engel Gottes mit Fäusten geschlagen, wie nachfolgend geschrieben steht: **Und damit ich mich wegen der hohen Offenbarungen nicht überhebe, ist mir gegeben ein Pfahl ins Fleisch, nämlich des Satans Engel, der mich mit Fäusten schlagen soll, damit ich mich**

nicht überhebe (2 Kor 12,7). Das fand nach der Steinigung statt. Er war nahezu tot. Als sie glaubten, dass er tot war, ließen sie von ihm ab (s. Apg 14,19b). Apostel Paulus erlitt einen Knacks. Die Schwierigkeiten, Verfolgungen und Strapazen gehen nicht spurlos an einem vorbei. Ein Diener des Herrn muss so manches ertragen. Paulus war angeschlagen. Wahrscheinlich kamen daher seine epileptischen Anfälle.

Es steht geschrieben: **Es kamen aber von Antiochia und Ikonion Juden dorthin und überredeten das Volk und steinigten Paulus und schleiften ihn zur Stadt hinaus und meinten, er wäre gestorben (Apg 14,19).** Hier war Paulus angeschlagen. Er schüttelte sich den Staub ab und zog weiter nach Derbe (s. Apg 14,20b). Gerade noch war er nach der Steinigung in Lystra zu Boden gefallen, da war er schon wieder in Derbe! Die Galater nahmen Paulus auf. Sie hätten sich „ein Bein ausgerissen", um seinen Aufenthalt in Derbe so angenehm wie möglich zu gestalten.

Das ganze Leben des Apostel Paulus wurde zu einer Bestätigung der folgenden Worte: „Die Kraft des allmächtigen Gottes hilft in meiner Schwachheit", wie nachfolgend geschrieben steht: **Dreimal habe ich den Herrn angefleht, mich davon zu befreien. Doch er sagte zu mir: „Meine Gnade muss dir genügen, denn meine Kraft ist gerade in den Schwachen mächtig." Jetzt bin ich sogar stolz auf meine Schwachheit, weil so die Kraft von Christus auf mir ruht. Deshalb freue ich mich über meine körperlichen Schwächen, ja selbst über Misshandlungen, Notlagen, Verfolgungen und Ängste, die ich für Christus ertrage. Denn gerade dann, wenn ich schwach bin, bin ich stark (2 Kor 12,8-10** NeÜ**).** *„Meine Kraft ist gerade in den Schwachen mächtig."* Das erlebte Paulus, und das demonstrierte er.

Es steht geschrieben: **Sie sind Diener Christi? Ich rede wider alle Vernunft: Ich bin's weit mehr! Ich habe mehr gearbeitet, ich bin öfter gefangen gewesen, ich habe mehr Schläge erlitten, ich bin oft in Todesnöten gewesen. Von Juden habe ich fünfmal erhalten vierzig Geißelhiebe weniger einen; ich bin dreimal mit**

Stöcken geschlagen, einmal gesteinigt worden; dreimal habe ich Schiffbruch erlitten, einen Tag und eine Nacht trieb ich auf dem tiefen Meer. Ich bin oft gereist, ich bin in Gefahr gewesen durch Flüsse, in Gefahr unter Räubern, in Gefahr von meinem Volk, in Gefahr von Heiden, in Gefahr in Städten, in Gefahr in Wüsten, in Gefahr auf dem Meer, in Gefahr unter falschen Brüdern; in Mühe und Arbeit, in viel Wachen, in Hunger und Durst, in viel Fasten, in Frost und Blöße; und außer all dem noch das, was täglich auf mich einstürmt, die Sorge für alle Gemeinden (2 Kor 11,23-28). Denk doch nicht, dass alles okay war! Wenn du dem Herrn dienst, wenn du mit Apostel Paulus unterwegs bist, erlebst du alle diese Dinge: Nacktheit, Blöße, Kälte, Durst, Hunger, Stürme u. v. m. Du wirst genau so angegriffen wie er. *„Mitgehangen, mitgefangen"*, so war es bei Lukas auch.

Wenn Paulus sprach: „Mein Evangelium", meinte er wahrscheinlich das Evangelium nach Lukas. „Mein Evangelium ist somit das Evangelium auf meine Art, also das, was ich durchlitt und durchlebte." Paulus und Lukas ergänzten einander. Das ist toll! „Mitarbeiterschaft in der Gemeinde Jesu Christi" ist, dass man sich gegenseitig ergänzt; also sich nicht einander das Leben erschwert, sondern erleichtert.

Im Evangelium nach Lukas sehen und spüren wir ganz stark den paulinischen Geist. So wie Paulus die Gemeinde Jesu vom „Gesetz" in die „christliche Freiheit" führte, benutzte Lukas die „Geschichte des Lebens Jesu", um dem Leser zu zeigen, dass der Sohn Gottes für die Erlösung der Menschheit gekommen war, um die Werke Satans zu zerstören.

Markus und Matthäus[15] zeigen uns, wer Jesus war. Lukas zeigt uns, wie Jesus „der Heiland der Welt" wurde, wie nachfolgend geschrieben steht: **Denn euch ist heute der Heiland geboren, welcher ist Christus, der Herr, in der Stadt Davids (Lk 2,11).** Damit beginnt sein Evangelium.

In dem von Lukas verfassten „Band 1“ sind die Taten Jesu aufgeführt, und in seinem „Band 2“ die Taten der Apostel. Das ist toll zu sehen! In dem Band 2 schildert Lukas, wie aus einer kleinen Jüngerschar eine weltweite, dynamische Bewegung wurde. Die kleine Herde. Lukas notierte es wie folgt. Es steht geschrieben: Fürchte dich nicht, du kleine Herde! Denn es hat eurem Vater wohlgefallen, euch das Reich zu geben (Lk 12,32). Er beschrieb den Weg des Evangeliums von Jerusalem bis nach Rom, in die Weltstadt.

Lukas ist hier der Mitbegleiter des Paulus. Es steht geschrieben: **Es grüßt dich Epaphras[16], mein Mitgefangener in Christus Jesus, Markus, Aristarch[17], Demas[18], Lukas, meine Mitarbeiter.** Die Gnade des Herrn Jesus Christus sei mit eurem Geist! **(Phlm V. 23-25)** Das waren alles Mitgefangene! Sie waren nicht alle so super frei und fromm. Paulus schreibt hier: Sie alle sind *auch* mit bei mir und grüßen dich, lieber Philemon. Sowie auch das Folgende geschrieben steht: Lukas ist allein bei mir (2 Tim 4,11a). Die Sache geht weiter! Viele gingen heim. Viele verließen ihn. Für viele war die Last zu groß. Und es steht auch geschrieben: **Markus nimm zu dir und bringe ihn mit dir; denn er ist mir nützlich zum Dienst (2 Tim 4,11b).** Zuerst waren sie uneins, doch jetzt ließ ihn der Herr zur Ruhe kommen im Gefängnis. Er rief: „Er war mir nützlich. Bringt Bruder Markus mit.“ Du siehst also, der Herr bringt alles wieder zurück, was zuvor nichts war, Brüder auseinandergingen u. a. Der Herr greift ein und ordnet die Geschichte.

Lukas wird als Arzt bezeichnet (s. Kol 4,14). Er beschreibt die Geschichte Jesu für Theophilus[19]. Theophilus war wahrscheinlich einmal sein Herr. Als Sklave wurde Lukas gekauft und später von Theophilus freigelassen. Theophilus war ein guter Mensch. Er bewährte sich. Ärzte waren damals oftmals Sklaven, die ihrem Herrn dienten. Dafür schenkte er ihm dann die Freiheit. Wahrscheinlich war Lukas ein solcher Diener, der Arzt des Theophilus. Vielleicht hat dieser ihm die Freiheit geschenkt und gesagt: „Nun ziehe hin. Du pflegtest mich gesund. Gott segne dich!“

Nachdem Lukas den Paulus getroffen hatte, war er ein geschätzter und geachteter, andauernder Begleiter des Apostels, und das sogar im Gefängnis, also nicht nur „in der Halleluja-Höhe, auf der Wolke Nummer 7“, in der Herrlichkeit des Herrn. Nein, sogar im Gefängnis!

Siebenundneunzig Verse der Apostelgeschichte wurden von ihm als Wir-Botschaft verfasst, wie folgt: „Wir waren dabei“, „Wir haben das durchlebt“, „Wir haben das erfahren“, „Uns ist dieses und jenes widerfahren“. Lukas ist ein Teil der Aktionen und oft der Einzige, denn weder Timotheus, noch Silas[20], noch irgendjemand anderes waren bei ihm.

Lukas folgte bereits früher Jesus nach. Bevor er Paulus traf, gehörte er zu den zweiundsiebzig Jüngern. Das geht aus dem Evangelium nach Lukas hervor (s. Lk 10,1.17a). Ich betone hier, dass Lukas bereits Jesus nachfolgte, *bevor* er Paulus bei seiner Arbeit unterstützte. Diese zweiundsiebzig Jünger stehen für eine prophetische Handlung: Sie sind ein „Vorschatten auf die Weltmission“. Der Vorstellung der Juden gemäß, besteht die Welt aus 72 Nationen. Dafür waren die 72 Nachfolger Jesu vorgesehen.

Paulus hatte ein Herz für Spanien. Er wollte zu späterer Zeit nach Spanien übersiedeln. Das teilte er den Römern mit. Lukas sammelte damals bereits die ersten Zeugnisse der Diener des Herrn; er notierte alles.

Es steht geschrieben: **Da es nun schon viele unternommen haben, Bericht zu geben von den Geschichten, die sich unter uns erfüllt haben, wie uns das überliefert haben, die es von Anfang an selbst gesehen haben und Diener des Wortes gewesen sind, habe auch ich's für gut gehalten, nachdem ich alles von Anfang an sorgfältig erkundet habe, es für dich, hochgeehrter Theophilus, in**

guter Ordnung aufzuschreiben, auf dass du den sicheren Grund der Lehre erfährst, in der du unterrichtet bist (Lk 1,1-4). *„Hochgeehrter Theophilus"*. Also, so spricht man zu einer hochgestellten, königlichen Person, zu einem Senator o. Ä. Zu diesem Zeitpunkt war Theophilus noch kein Christ. Lukas war der Evangelist, der versuchte, Theophilus das Evangelium nahezubringen, als Dankeschön dafür, dass er durch ihn die Freiheit erlangte. Es ging ihm nicht nur darum, dass Theophilus die Freiheit erfuhr, sondern darum, dass er die Seligkeit erlangte! Das war ihm ein großes Anliegen!

„Das Evangelium nach Lukas" beginnt mit der Geburt Jesu, damit also, wie Jesus auf diese Welt kam. Er berichtet von den vielen Unterweisungen bzw. davon, was Jesus lehrte, wie Er reagierte und wie Er sich benahm. Man muss jedem Menschen erklären, wer Jesus ist und was Er tut.

Lukas lernte zur Zeit, da sich Paulus in Cäsarea in Gefangenschaft aufhielt und auf seine Verurteilung wartete bzw., da er nach Rom zum Kaiser gebracht wurde. Aller Wahrscheinlichkeit nach verfasste er in dieser Zeit das „Evangelium nach Lukas". So wie er uns die Niederkunft des Logos, des Wortes Gottes, auf die Erde schilderte, schilderte er, wie sich das Evangelium ausbreitete. Er beschrieb die Himmelfahrt Jesu, die Rückkehr zum Vater (s. Lk 24,51) und, wie sich das Evangelium ausbreitete (s. Apg 5,12-16). Es steht geschrieben: **Sie aber zogen aus und predigten an allen Orten. Und der Herr wirkte mit ihnen und bekräftigte das Wort durch die mitfolgenden Zeichen (Mk 16,20).** Wir sehen, dass bei Lukas die Gnade anhielt. Plötzlich wird ihm Theophilus als sein Bruder offenbar! Nachdem Theophilus das „Evangelium nach Lukas" erhalten hatte, war er sein Bruder! D. h., er war nicht mehr der hochgelobte Theophilus, sondern „mein Bruder Theophilus".

Als Abschluss der Wundertaten Jesu berichtet er später über die Taten der Apostel. Lukas war eine sehr gebildete Person. Er konnte exakt denken und beobachten, so wie ein Mediziner es tat. Beim Studieren der Apostelgeschichte – wenn ich es genau betrachte – ist man beeindruckt davon, wie exakt er alles schildert. Er hat Kenntnis von all den römischen Namen. Lukas kannte sich in Rom sehr gut aus. Er gab exakt weiter, wovon er Kenntnis besaß, sämtliche Begriffe, die Markus und Matthäus verborgen waren.

Lukas war nicht nur Zuschauer, sondern ein Teil dieses historischen Geschehens. Er ging höchst sorgfältig und akkurat damit um, sodass Theophilus sehr gut unterwiesen wurde. „Lukas, mein geliebter Mitarbeiter!“ – solche Leute, die exakt und gründlich arbeiten, braucht man! Paulus nahm „die Gesamtschau“ und Lukas „die Klempnerarbeit“ vor. Lukas wusste, welche Gefahren einem drohen, wenn man sich mit Paulus abgab und sich zu erkennen gab wie folgt: „Das ist mein Freund Saul von Tarsus!“

Paulus stand wegen seines Glaubens vor Gericht. Er war sogar des Todes nahe. Als er das zweite Mal im Gefängnis lebte, wurde er verurteilt und sprach: „Ich spüre, mein Ende rückt nahe. Ich werde gerichtet. Ich werde schon geopfert.“ Lukas aber verließ Paulus auch während dieser kritischen Zeit nicht! Er allein blieb übrig. Es ist toll, wenn jemand in kritischen Zeiten bei dir bleibt, wenn du es nicht mehr weiter schaffst, wenn es nicht mehr weitergeht, wenn du verzweifelst.

Wer war denn dieser Theophilus, „vortrefflicher Theophilus“ bzw. „hochgelobter Theophilus“? Diese Form der Anrede war bei einem wohlhabenden Prominenten, einem römischen Staatsbeamten, üblich. Paulus sprach: „Hochgelobter Festus“, als er die Rede vor Festus[21] hielt, so wie auch vor Agrippa[22], wie folgt: „Hochgelobter Agrippa!“ Sie waren keine Christen, verstehst du? Er lobte sie und begegnete ihnen mit Respekt (s. Apg 26,2f.).

Theophilus war höchstwahrscheinlich sehr an Jesus interessiert, aber nicht genug informiert. Deshalb sammelte er alle möglichen Informationen aus der Zeit Jesu, und zwar, wie Er stand, wirkte, lebte und leibte. Lukas hoffte, durch sein Evangelium würde Theophilus Gewissheit über viele göttliche Dinge erhalten (s. Lk 1,4). Deshalb belehrte er ihn unermüdlich. Theophilus war damals noch kein Christ, siehe hier: „Vortrefflicher Theophilus". Er muss eine anständige, gottesfürchtige Person gewesen sein. Das waren viele Menschen, die Römer überhaupt, aber er war noch kein Christ. Später wurde er als solcher bezeichnet.

In der Apostelgeschichte, die Lukas später verfasste, wird die Anrede „Hochgelobter Theophilus" nicht mehr verwendet, sondern die folgende: „Lieber Theophilus". (Siehe Apg 1,1a) Nun informierte er ihn, wie die Sache weiterging mit diesem Jesus von Nazareth. Als Lukas sein Evangelium an Theophilus richtete, war jene angesehene Person zwar noch kein Christ, aber sein Interesse am christlichen Glauben war sehr groß.

Lukas war sehr an den Menschen interessiert, so wie Paulus. Eine Seele ist bei dem Herrn mehr wert als alle Schätze dieser Welt! Was nützt es, wenn wir den Massen predigen und uns nicht auf die Seele konzentrieren. Wir lesen hier, dass, während Paulus in Cäsarea war, ihm Felix Folgendes gewährte: „Keinem der seinen dürfe verwehrt werden, ihm den Dienst zu erweisen, wie z. B., ihn im Gefängnis zu besuchen, ihm Essen zu bringen, ihm zu dienen, Wäsche zu waschen o. Ä." Wir lesen, was geschrieben steht, siehe hier: Felix aber zog die Sache hin, denn er wusste recht gut um diesen Weg und sprach: Wenn der Oberst Lysias[23] herabkommt, so will ich eure Sache entscheiden. **Er befahl aber dem Hauptmann, Paulus gefangen zu halten, doch in leichtem Gewahrsam, und niemandem von den Seinen zu wehren, ihm zu dienen (Apg 24,22f.).**

Paulus war nicht immer gesund. Deshalb pflegte wohl der geliebte Arzt den Apostel und gab ihm so manchen Tipp: „Tue dieses oder jenes." Weißt du, manche Leute sind nicht vernünftig, diese, die nur Draufgänger sind, die nur vorwärts marschieren, die nur Choleriker sind, die nur ihre Sache verwirklichen wollen. Er riet: „Langsam Paulus, reg dich nicht so auf. Ach komm, lass es."

Als Paulus sich auf den Kaiser berief, stand ihm Lukas zur Seite. Er begleitete ihn auf dem Dampfer und erlitt mit ihm Schiffbruch (s. Apg 27,24). Während des Hausarrests in Rom schrieb Paulus einige Briefe. Lukas half mit, diese Briefe auszutragen; der Briefbote. Sämtliche Briefe des Paulus enthalten Grüße von Lukas, wie z. B. hier: „Grüße von meinem Freund" bzw. „Grüße von meinem Mitarbeiter".

Mein heutiges Thema lautet wie folgt: Unterwegs mit Paulus. Man tat nicht viel, aber man diente dem Bruder. Er hatte einen Auftrag, eine Schau, eine Vision, und er diente dem Bruder. Als Paulus während seiner zweiten Inhaftnahme das Empfinden hatte, er stehe dem Tode nahe, blieb der treue und mutige Zeuge Lukas an seiner Seite. Andere verließen ihn, aber er nicht. Er blieb bei ihm. Lukas riskierte dabei seine eigene Freiheit.

Lukas war bescheiden und opferte sich für andere auf. Das ist Mitarbeiterschaft! Das ist Gemeinde! Das ist Glaubensgenossenschaft! Ja, man opfert sich auf! Er stellte seine Gelehrsamkeit nicht zur Schau, etwa wie: „Ich bin Dr. Lukas!" oder: „Ich habe etwas Besseres verdient!" Nein! Er wollte auch nicht im Rampenlicht stehen. Er hätte als Arzt Karriere machen können, aber er wollte sich für die Interessen des Reiches Gottes einsetzen, ja für den Bruder Saul von Tarsus, der „ein auserwähltes Werkzeug" für den Herrn war.

„Mit Paulus unterwegs" lautet mein Thema. Das Wort des Herrn, welches gemäß der Überlieferung aus der Heiligen Schrift offenbar wurde und nachfolgend niedergeschrieben ist, lautet wie folgt: **Trachtet vielmehr nach seinem Reich, so wird euch dies zufallen.** Fürchte dich nicht, du kleine Herde! Denn es hat eurem Vater wohlgefallen, euch das Reich zu geben **(Lk 12,31f.).** Gib dich nicht auf! Verzweifle nicht! Es ist fantastisch zu sehen, dass hier Hoffnung gemacht wird! Trachtet zuerst nach dem Reich Gottes!

Gebet: Vater im Himmel, ich danke Dir für die vielen treuen Mitarbeiter auch in meinem Leben, da Menschen mir dienten, mir zur Seite standen, mir „unter die Arme griffen", mich ermutigten, so, wie sich Doktor Lukas bei Paulus verhielt. Was wäre ich ohne sie geworden? Herr, ich danke Dir für all die vielen Mitarbeiter in den letzten fünfzig Jahren, die mir zur Seite standen, die dienten und auch heute noch dienen und einfach helfen, dass sich das Evangelium verbreitet; dass die Predigtbotschaft aufgenommen und ins Internet gesetzt wird, sodass das Evangelium viele Menschen erreicht.

Hier predige ich nur für ein paar Leute, aber gleichzeitig hören viele tausend Leute die Predigt im Internet! Es ist Gnade, dass wir das noch tun dürfen! Das Wort des Herrn ist nicht gebunden, auch wenn wir manchmal „gebunden" sind, auch wenn wir Schwierigkeiten haben u. v. m.

Gleich Lukas, der mit seinem Bruder Paulus durch dick und dünn ging, danke ich auch meinen Geschwistern heute! Ja, ich danke für all die lieben Geschwister, die mit mir durch dick und dünn gingen, die vor nichts zurückschreckten, die sich dafür bereiterklärten, die Opfer brachten für die Brüder und Schwestern, damit Dein Werk weiter vollzogen wird, damit wir bzw., damit ich in aller Demut das Werk des Herrn tun kann!

Ich segne jetzt alle Mitarbeiter, die mir helfen, das Evangelium zu verbreiten: Herr, segne diese Menschen reichlich und gib uns eine „Ewigkeitsfrucht", also das, was

„unter dem Strich“ bleibt! Wenn ich gesegnet werde, werden sie auch gesegnet und haben Anteil an Deinen Segnungen. Herr, ich danke Dir, dass wir miteinander arbeiten dürfen, dass wir uns einander ergänzen dürfen, denn: *„Die Sach' ist Dein, Herr Jesus Christ, die Sach', an der wir stehn, und weil es Deine Sache ist, kann sie nicht untergehn.“* Danke, Herr!

Amen

PERSONENREGISTER

Synchronisierter systematischer Ablauf:

Teil 1

1 **Daniel:** Oberster der Chaldäer, Wahrsager, Traum- und Zeichendeuter, der um 617 v. Chr. im Palast des Königs Nebukadnezar eine Ausbildung zum Staatsdiener erfuhr; ihm wurde der aramäische Name Beltsazar verliehen.
2 **Paulus:** Hebräer aus Tarsus, zum Apostel ernannt durch eine Berührung mit Jesus, dem auferstandenen Herrn.
3 **Judit:** Titelfigur aus den apokryphischen Schriften; diese gottesfürchtige Witwe enthauptete den Assyrer Holofernes, der ein Feldherr des Nebukadnezar war.
4 **Nebukadnezar:** Neubabylonischer König, der das israelitische Volk ins Exil führte; er regierte in der Zeit zwischen 605-562 v. Chr.
5 **Jeremia:** Prophet Gottes und Schreiber des gleichnamigen Buches des Alten Testaments, der im Zeitraum zwischen 660-580 v. Chr. lebte.
6 **Johanan:** Sohn Kareachs, Kriegsmann und Heerführer zur Zeit der Zerstörung Jerusalems, die durch König Nebukadnezar vollzogen wurde.
7 **Asarja:** → siehe Abed-Nego; eigentlicher hebräischer Vorname des einen der drei Gefährten Daniels, der am Hofe des Königs zum Staatsdienst ausgebildet wurde.
8 **Belsazar:** Sohn Nebukadnezars, der die heiligen Gefäße aus dem Jerusalemer Tempelschatz entweihte und der letzter König des babylonischen Weltreiches war.
9 **Darius:** Sohn des Ahasveros, Regent der Meder, trat die Herrschaft über das Königreich der Chaldäer nach König Belsazars Ableben an; er lebte von 538-6 v. Chr.
10 **Kóres:** König von Persien, der vom Herrn gesandt war und als „der Gründer des persischen Reiches" bekannt wurde.
11 **Schadrach:** → siehe Hananja. Dieser aramäische Vorname wurde Hananja, einem der drei Jünglinge und Gefährten Daniels verliehen und bedeutet „Mondgott der Babylonier".
12 **Meschach:** → siehe Mischaël bzw. Mesach. Dieser aramäische Vorname wurde Mischaël, einem der drei Jünglinge und Gefährten Daniels verliehen und bedeutet „Mondgott der Perser".
13 **Abed-Nego:** → s. Asarja. Dieser aramäische Vorname wurde Asarja, einem der drei Jünglinge und Gefährten Daniels verliehen und bedeutet „Knecht bzw. Anbeter des Lichts".
14 **Samuel:** Prophetenschüler, der im Tempel des Priesters Eli als ein dem Herrn geweihtes Kind diente, von ihm betreut wurde und den priesterlichen Dienst vollzog.
15 **Jona:** Prophet, Sohn des Amittais, der von Gott beauftragt war, das Volk Ninive zur Buße und Umkehr zu bewegen, was auch geschah, nachdem er mit seinem Fluchtversuch scheiterte und dem Bauch des Fisches entkam.
16 **Petrus:** → s. Simon Petrus, der von Jesus den Beinamen „Kephas" erhielt; einer der zwölf Apostel des Herrn, der die Worte sprach: *„Du bist Christus, der Sohn des lebendigen Gottes!"* Auf dieser Erkenntnis wird die Kirche bzw. Gemeinde gebaut.
17 **Johannes:** Sohn des Zebedäus und Bruder des Jakobus; sie verließen ihre Netze und folgten Jesus in aller Konsequenz nach. Der Herr verlieh den beiden den Namen

„Söhne des Donners“. Apostel und Jünger Jesu, der „an der Brust des Herrn ruhte“.
18 **Maria und Josef:** Das Elternpaar von Jesus. Josef ging aus dem Geschlecht Davids hervor, ein rechtschaffener Mann, Zimmermann in Nazareth, der Maria auf das Geheiß Gottes hin ehelichte. Maria war eine gottesfürchtige Jungfrau, die vom Heiligen Geist überschattet wurde, exakt nach der Prophezeiung des Engels Gabriel.
19 **Hananja:** → s. Schadrach; eigentlicher hebräischer Vorname des einen der drei Gefährten Daniels, der am Hofe des Königs eine Ausbildung zum Staatsdienst erfuhr.
20 **Mischaël:** → s. Meschach; eigentlicher hebräischer Vorname des einen der drei Gefährten Daniels, der am Hofe des Königs eine Ausbildung zum Staatsdienst erfuhr.
21 **Kyrus:** → s. Kóres bzw. Cyrus. Gehe zurück nach Teil 1 Nummer 10 (vgl. 1 / 10).
22 **Salomo:** Nachkomme Davids; Regent des damals noch vereinten Königreichs, Regierungszeit: 971-931 v. Chr.

Teil 2

1 **David:** Sohn Isais, Nachfahre von Boas und Rut, ein Psalmist, Harfenspieler und „ein Mann, der nach dem Herzen Gottes“ war, dazu bestimmt, der Nachfolger des König Saul zu sein; er brachte die Bundeslade zurück nach Jerusalem. Auf Gottes Geheiß hin sollen alle Generationen *„um Davids willen“* gesegnet sein.
2 **Absalom:** Der dritte Sohn Davids, schön an Anmut und Gestalt, der sich an seinem Vater rächen wollte und dabei selbst zu Fall kam.
3 **Elia:** Prophet, trat während der Regierungszeit Ahabs hervor; durch ihn wurde die Allmacht Gottes offenbar. Er sorgte dafür, dass der Götzenkult überwunden wurde.
4 **Salomo:** → Gehe zurück nach Teil 1 Nummer 22 (vgl. 1 / 22).
5 **Elisa:** Nachfolger des Propheten Elia, der dessen doppelte Kraft empfing, weil er bis zum Schluss bei ihm blieb und Gott mit aller Hingabe diente.
6 **Dwight L. Moody:** US-amerikanischer Erweckungsprediger, der als Evangelist, Autor und Bibelseminarleiter bekannt wurde; Lebensdauer: 5.2.1837-22.12.1899.
7 **Smith Wigglesworth:** Britischer Evangelist, der als Pfingstprediger, Geistheiler und Autor bekannt wurde; Lebensdauer: 8.6.1859-12.3.1947.
8 **Saul:** Sohn Kischs, der aus dem Stamm Benjamin hervortrat; 1. König Israels, den Samuel salbte und den Gott verwarf, weil er das Werk des Herrn nachlässig trieb.
9 **Philister:** Volk, das aus dem Geschlecht des Ham → s. Sohn Noah, hervortrat und während der Landeinnahme Kanaans solange nicht wich, bis David nach der Niederlage König Sauls Macht darüber gewann und die Landeinnahme vollzog.
10 **Goliat:** Der Riese aus Gat, der das israelitische Volk verhöhnte während der Regierungszeit Sauls; David trat in der Kraft Gottes auf, erlegte ihn mit seiner Steinschleuder und holte den Sieg ein.
11 **Ahab:** Sohn und Nachfolger Omris; König über das Nordreich Israel während der Zeit von 871 bis 852 v. Chr. Durch die Ehe mit Isebel wurde er zu einem gottlosen König, der den Götzen Baal anbetete, was er mit seinem Leben bezahlen musste.
12 **Ahasja:** Sohn Ahabs und Isebel, der das Regiment für die zwei Jahre von 853 bis 852 v. Chr. führte, Gott verhöhnte und den Götzendienst seines Vaters fortsetzte.
13 **Jesus:** Sohn des allmächtigen Gottes, den man als Retter der Menschheit kennt.
14 **Paulus:** → vgl. 1 / 2.

15 **Isebel:** Tochter Etbaals, des Königs der Sidonier; sie animierte ihren Ehemann Ahab zum Götzendienst und erwog, an dem Propheten Elia Rache zu nehmen.
16 **Nabot:** Jisreeliter und Weinbergbesitzer; sein Weinberg grenzte an den des Königs Ahab. Aufgrund einer infamen Lüge der → Isebel steinigte man ihn zu Tode.
17 **Konfuzius:** → Kong Fuzi; chinesischer Philosoph, der im 1. Jtd. v. Chr. lebte.
18 **Leviten:** Stamm aus dem Geschlecht Jakobs; Sohn Levi trat als der dritte Nachkomme von insgesamt zwölf Söhnen hervor.
19 **Johannes der Täufer:** Sohn des Priesters Zacharias, der in der Wüste als Wanderprediger auftrat, die Menschen zu Buße und Umkehr bewegte, bevor er sie im Jordan taufte und dadurch dem Herrn „Bahn machte".
20 **Baal:** Heidnische Gottheit bzw. Hauptgott der Phönizier und Kanaaniter, dem man fälschlicherweise die Allmacht Gottes zuwies und dessen Wort man berücksichtigte.
21 **Karl W. Lauterbach:** SPD-Politiker des Deutschen Bundestags seit dem Jahr 2005; Gesundheitsökonom, der mitteilte, dass das SARS-CoV-2 Virus tödlich wäre.
22 **Witwe aus Sarepta:** Mutter mit Kind, zu der → Elia gesandt war, um ihr behilflich zu sein; der Prophet wurde so vor dem Feind verborgen gehalten.
23 **Obadja:** Diener Ahabs, der die einhundert Propheten Gottes verbarg, wodurch deren Leben erhalten blieb.
24 **Josua:** → eigentlich Hosea; Sohn Nuns, der aus dem Stamm Ephraim hervorging; ihm wurde die Erwählung als Nachfolger Moses zuteil, die er nach dessen Tod antrat.
25 **Jehu:** 10. König von Israel, dessen Amtsperiode sich auf die Jahre 841-814 v. Chr. belief. Sohn des Josaphats und Begründer der 5. Dynastie; er wurde von Elia gesalbt, damit das Geschlecht → Ahabs die Ausrottung erfuhr.
26 **Hasael:** Knecht Ben-Hadads, der durch Elia die Salbung zum König über Syrien erfuhr und kurz darauf von seinem eigenen Herrn niederträchtig ermordet wurde.
27 **Nikodemus:** Pharisäer und Lehrer Israels, der Jesus des Nachts aufsuchte, um sich selbst von Ihm belehren zu lassen; dadurch erfuhr er, dass man ohne eine geistliche Wiedergeburt erlebt und erfahren zu haben das Reich Gottes nicht sehen könne.
28: **Josef von Arimathäa:** Gläubiger Ratsherr, der „sich ein Herz fasste" und vor Pilatus mit der Bitte trat, Jesus vom Kreuz abnehmen und Ihm seine eigene Grabstätte zur Verfügung stellen zu dürfen, was auch stattfand.
29: **Georg Müller:** Deutscher Theologe, Evangelist und Waisenhausleiter des 19. Jh.s., auch „Waisenhausvater von Bristol" genannt, weil er mehr als eintausend Waisenkinder versorgte.
30: **John Knox:** Schottischer Reformator; Presbyter und Evangelist des 16. Jh.s.
31: **Maria Stuart:** Maria I., Königin von Schottland und später auch von Frankreich durch die Eheschließung mit Franz II.
32: **Mose:** Sohn Amrams, der aus dem Stamm Levi hervortrat und von Gott beauftragt war, das Volk Israel aus der Gefangenschaft zu führen.
33: **Martin Luther:** Ev. Reformator des 15. Jh.s. Übersetzer der Heiligen Schrift; Dr. der Theologie, der sich über die Fehlentwicklung der Katholischen Kirche entsetzte.
34: **Napoleon Bonaparte:** Napoleon I. und Kaiser Frankreichs; Regierungsdauer von 1799-1815; nach seiner Niederlage während der Schlacht zu Waterloo wurde er auf die Insel St. Helena verbannt, wo sein Leben einen Abschluss fand.
35: **Jakobus:** Bruder des Herrn Jesus und Vorsteher der Gemeinde zu Jerusalem.

Teil 3

1 **Paulus:** → vgl. 1 / 2
2 **Lukas:** Apostel, Mitarbeiter, Mitstreiter und steter Reisebegleiter des Paulus; „der geliebte Arzt", Schreiber des „Evangeliums nach Lukas" und der Apostelgeschichte.
3 **Petrus:** → vgl. 1 / 16
4 **Saulus:** → s. Paulus, bevor seine Bekehrung stattfand; er verfolgte die Christen.
5 **Stephanus:** Mann Gottes, erfüllt vom Heiligen Geist; nachdem er Zeugnis abgelegt hatte über die Geschichte der Vorväter, angefangen bei Abraham bis hin zur Verkennung des Herrn durch das jüdische Volk, steinigte man ihn. Er machte es Jesus gleich, als er die Worte aussprach: *„Herr, vergib ihnen diese Schuld!"*
6 **Gamaliel:** Jüdischer Gesetzeslehrer, der „Rabban Gamaliel der Ältere" genannt wurde. Lebensdauer: 9-50 n. Chr. Saul von Tarsus → s. Paulus saß „ihm zu Füßen". Der Patriarch lehrte und unterwies ihn in der Tora und führte ihn in die jüdische Gesetzgebung ein.
7 **Jesus:** → vgl. 2 / 13
8 **Hananias:** → Ananias. Jünger aus Damaskus, der von Gott beauftragt wurde, zu Saulus zu gehen und ihm durch Handauflegung den Geist Gottes zu übertragen. Dadurch fand dessen Bekehrung statt.
9 **Judas:** Judas Iskariot, einer der zwölf Apostel, der den Heiland verriet und sich hernach strangulierte.
10 **Philemon:** Empfänger des gleichnamigen Briefes, dem Paulus somit diente.
11 **Timotheus:** Jüngling aus einem frommen Haus, dem Paulus vertraute; ihm wurde dessen geistliches Erbe verliehen.
12 **Maria:** → vgl. 1 / 18.
13 **Markus:** Jünger Jesu, „Neffe des Barnabas" und Schreiber des gleichnamigen Evangeliums; Paulus nahm ihn auf seine 1. Missionsreise mit; er war ihm *„nützlich zum Dienst"*, auch wenn ihm „die Berge oftmals zu steil wurden".
14 **Barnabas:** Ein Levit aus Zypern, „Sohn des Trostes", der eigentlich Josef hieß; er half Paulus z. B. in Fragen bzgl. der Beschneidung, die am Herzen stattfinden sollte.
15 **Matthäus:** Sohn des Alphäus und einer der zwölf Apostel Jesu; Schreiber des gleichnamigen Evangeliums.
16 **Epaphras:** Mitgefangener des Paulus in Rom, aus Kolossä; Diener und Fürbitter.
17 **Aristarch:** Begleiter und Mitgefangener des Paulus, der ein Mazedonier war.
18 **Demas:** Mitarbeiter des Paulus, der ihn verließ, um „in die Welt" zu gehen.
19 **Theophilus:** Adressat des „Evangeliums nach Lukas" und der Apostelgeschichte.
20 **Silas:** → Silvanus; Missionar, der Paulus auf seiner 2. Missionsreise begleitete und gemeinsam mit ihm im Gefängnis zu Philippi war.
21 **Festus:** Prokurator von Judäa, der im Jahr 60 n. Chr. Nachfolger des Felix wurde. Als die Juden eine Anklage gegen Paulus erhoben, verwies er ihn nach Cäsarea.
22 **Agrippa:** König Agrippa II. genannt, welcher der Sohn Agrippa I. war; vor ihm hielt Paulus seine Verteidigungsrede ab.
23 **Lysias:** → Claudius mit Vornamen, Oberst und Vorgesetzter des Felix, der im Jahr 57 n. Chr. die römische Garnison befehligte; als es um die Rechtsangelegenheit des Paulus ging, benützte Felix seinen Namen aus diplomatischen Gründen.

HINWEISE zur QUELLENANGABE

Die von mir verwendete Literatur:
Lange Bibelwerk, 1873 Leipzig. Die Schriften des Alten und Neuen Testaments erklärt und übersetzt für die Gegenwart. 1925 Göttingen, Vandenhoeck & Ruprecht. Außerdem Otto von Gerlach, Altes und Neues Testament (Anmerkungen) 1893 Leipzig (J. E. Heinrichs'sche Buchhandlung) und mein eigenes Archiv.

ANMERKUNG

Die meisten Schriftstellen sind der Martin-Luther-Bibel entnommen, nur einige wenige nicht. Beachten Sie dazu bitte die nachfolgenden weiterführenden Hinweise.

Vergleichbare in diesem Buch aufgeführte Übersetzungen sind:

EU	Einheitsübersetzung
MENG	Menge Bibel
SLT	Schlachter 2000
ZB	Zürcher Bibel
NeÜ	Neue evangelische Übersetzung

LITERATUREMPFEHLUNG

Weitere Einblicke:

Gemeindebibelschule

Band 1

ISBN-13: 978-3-8416-0122-3

Seitenzahl: 332

Herausgabe: 7.10.2011

Band 2

ISBN-13: 978-613-8-37838-9

Seitenzahl: 312

Herausgabe: 15.5.2024

Predigtsammlung

Band 1

ISBN-13: 978-613-8-35336-2

Seitenzahl: 96

Herausgabe: 9.3.2023

Printed by Books on Demand GmbH, Norderstedt / Germany